Murmures

du passé

Murmures du passé

Nina tome 2

Suzanne Fontaine

Copyright : © Suzanne Fontaine, 2016

ISBN   978-2-9815482-2-1

Le livre a été publié sous les références :

ISBN numérique   978-2-9815482-3-8

Photographie : © Élise Meloche
Mannequin : Catherine Barrette-Binette

De la même auteure : Le cœur au ventre *Nina tome 1*, 2015

Merci à Sylvain, cet homme merveilleux qui partage ma vie. Sans lui, je n'écrirais pas d'aussi belles histoires. Je t'aime. Aujourd'hui plus qu'hier, mais moins que demain…

À toi, ma chère amie Sylvie, qui encore une fois a passé des heures à me relire et me corriger, merci. Tu es une vraie partenaire d'écriture.

Merci à vous chers lecteurs de me suivre dans les pérégrinations de ma folle imagination. J'espère que vous serez de la partie pour la parution de ma prochaine fiction historique à la fin de l'été 2016.

Amicalement,

Suzanne

Murmures du passé

Avril 1745
Erlina O'Neil immigre en Écosse accompagnée de son oncle, le prêtre Alexander O'Neil qui a accepté de prendre en charge la paroisse catholique de Glengarry dans les highlands. Le périple d'Erlina connaîtra une fin précoce au Loch Lomond où des circonstances feront d'elle la nouvelle pupille du Château Buchanan... À l'aube de la révolution jacobite, le laird William Buchanan tente de maintenir sa neutralité afin de protéger ses gens et ses terres, mais l'arrivée d'une belle Irlandaise va contrecarrer ses plans.

Juin 2011
Comblée par sa vie de famille animée, Nina partage son temps entre les jumeaux et sa carrière de médecin. Son projet des Cliniques de maternités au Niger suit son cours, tandis que Jerry travaille à la production du film « Le cœur au ventre ».

De plus, le journal et la correspondance de Lady Erlina les plongeront dans l'Écosse du 18ᵉ siècle, une tranche d'histoire que Jerry s'efforcera de nous faire découvrir avec un nouveau projet d'écriture.

Il faut de la force pour réussir,

il faut du courage pour se surpasser.

Il faut de la force pour accepter les épreuves,

il faut du courage pour en rire.

Il faut de la force pour avancer,

il faut du courage pour ne pas renoncer.

Il faut de la force pour vivre,

il faut du courage pour survivre.

Auteur inconnu

A Marilyne

Loch Lomond, Écosse

Juin 2011

Jerry avait remis le journal et la correspondance de Lady Erlina à Walter Alcorn, professeur d'histoire de l'Université de Glasgow. Ce dernier avait été très enthousiaste, il espérait en apprendre plus sur les événements précédant le soulèvement Jacobite et la bataille de Culloden, car curieusement, l'histoire ne parlait pas des Buchanan. L'opinion générale était que la proximité du puissant Clan Campbell les avait forcés à rester à l'écart.

Un mois après avoir reçu les documents, le professeur Alcorn appela Jerry afin de prendre rendez-vous. Ils le reçurent chaleureusement, curieux de voir ce qu'il allait leur apprendre. Ils lui firent visiter la maison et il s'attarda longuement dans la salle de séjour à fixer le tableau représentant Laird William James Buchanan et Lady Erlina.

— Il s'agit de votre ancêtre n'est-ce pas?

— Oui, répondit Jerry. En ligne directe…

Nina lui montra le coffre de bois contenant la robe qu'ils avaient mis dans la bibliothèque. Il osa à peine y toucher, véritablement émerveillé.

— Il s'agit probablement de la robe de mariée de Lady Erlina. Ils se sont mariés le 1er juin 1745. Lady Erlina a immigré d'Irlande en avril 1745. Elle est venue par bateau, débarqua à Ayr et sa mère décéda quelques jours après leur arrivée. Elle était accompagnée de son oncle, un prêtre catholique Alexander O'Brien. Lady Erlina était une O'Neil comme votre mère Jerry…

Il se sourit à lui même. Nina et Jerry l'écoutaient attentivement, captivés par son récit.

— Je vous ai apporté une transcription. J'aimerais vous demander si je peux conserver une copie des documents originaux… Je voudrais les montrer à mes collègues historiens.

Jerry accepta avec plaisir et le remercia chaleureusement. Le professeur refusa leur offre de rester à dîner, car il était quelque peu remué de la rencontre qu'il venait de faire. Il avait déjà rencontré Jerry Buchanan de longues années auparavant. Il avait étudié avec sa mère et connaissait très bien son père, Alistair Buchanan. Il se dit que c'était probablement le tableau qui l'avait mis dans cet état. La ressemblance était frappante entre le Laird Buchanan et Jerry… Quant à son épouse, elle avait quelque chose de fascinant.

Après son départ, Jerry s'attarda dans la lecture des documents, tandis que Nina vaquait à la préparation du repas. Il vint la rejoindre à table.

— C'est vraiment intéressant tous ces écrits, dit-il en s'asseyant.

— Oui, on va enfin connaitre l'histoire de tes ancêtres, dit Nina en souriant.

— Ça et beaucoup plus, il y a la vie domestique au château, mais également, Culloden…

— Crois-tu qu'il s'agisse de nos vies antérieures?

— Non, fit-il d'un ton sans équivoque.

Elle le fixa avec surprise.

— Tu n'as même pas quelques doutes?

— Non, je ne crois pas aux vies antérieures. Je pense que la ressemblance est tout à fait légitime, puisqu'il s'agit de mon ancêtre et que le reste n'est que pure coïncidence. Tu y crois toi?

— Oui et non... Je ne peux être certaine de rien, mais j'aime y croire. Je laisse la porte ouverte...

— Tu m'étonnes.

— Pourquoi?

— D'habitude, tu es si rationnelle. La réincarnation... pourtant, tu es chrétienne.

— Oui, mais ma foi va bien au-delà de la religion... Pendant toutes ces années où j'ai côtoyé la mort, j'ai appris qu'il n'y a rien de clairement défini... La science ne peut pas tout expliquer et je crois que la vérité est toute autre... Tant que nous essayons de tout rationaliser, nous ne pouvons pas comprendre cette vérité...

— Ouf! Tu es très philosophique *muirnin*! Je lève mon verre à ta sagesse, mon amour, fit-il en souriant.

Loch Lomond, Écosse

Juillet 2011

Le journal de Lady Erlina avait révélé des détails captivants sur la rencontre et le mariage de la lady avec le laird Buchanan. Nina avait l'impression de connaître cette histoire ainsi que les gens du château Buchanan. Certaines similitudes avec sa vie actuelle la laissaient perplexe : elle était une O'Neil, son père était médecin et le journal avait révélé que Lady Erlina pratiquait la médecine. Le surnom affectueux de la lady était Nina… Toutes ces questions qui resteraient sans réponse, malgré cette certitude qu'elle gardait enfouie au plus profond d'elle-même.

Jerry s'était découvert une passion pour l'histoire des Buchanan et il travaillait à l'ébauche d'un manuscrit. Il passait tout son temps libre à lire le journal et la correspondance de Lady Erlina.

À l'aide de ces écrits, il put reconstituer les événements et se lança dans l'écriture d'un roman historique. Il ne voulait pas s'improviser historien, ne possédant ni formation en littérature ni en histoire. Son projet ultime serait un film mais pour le moment, il trouvait plus simple de se laisser transporter par l'histoire de William et Erlina Buchanan. Les mots coulaient de source et formaient des phrases qui ne tardèrent pas à devenir des chapitres. Lady Erlina avait consigné beaucoup d'informations sur la vie quotidienne au château ainsi que nombre de recettes de décoctions pour différents maux. On retrouvait parmi le récit de sa vie et de ses pensées, des notes de suivis pour ses différents patients. Enthousiasmé, Jerry passa des heures à rédiger l'histoire de ses ancêtres. Alors que Nina était convaincue qu'il s'agissait de leur vie antérieure, Jerry demeurait sceptique.

Tandis que Jerry œuvrait à la réalisation de son livre, Nina attendait impatiemment des nouvelles du General Medical Council. Elle avait fait une demande de permis de pratique médicale il y avait de cela quelques mois. Malgré sa vie de maman occupée, elle ressentait encore l'appel de la médecine. Elle avait discuté avec le chef des urgences de l'hôpital d'Alexandria, elle pourrait y combler des quarts de travail. En plus d'une nouvelle clinique pour les jeunes qui pourrait s'avérer une option intéressante. Elle était revenue de sa visite de l'hôpital complètement emballée.

Jerry devait se rendre à l'évidence, son épouse était avant tout, un médecin passionné et dévoué. Avec le recul, il était heureux qu'elle veuille pratiquer en Écosse, cela était nettement plus compatible avec la vie de famille que l'Afrique... Mais restait l'obstacle de la grossesse, il ne voulait pas qu'elle travaille aux urgences. La clinique des jeunes serait plus sage... Nina dut admettre qu'il avait raison, de toute façon elle n'obtiendrait pas de permis de pratique tout de suite, elle aurait peut-être même le temps d'accoucher, qui sait?

En attendant, les travaux d'agrandissement de la maison étaient presque terminés et elle était occupée à choisir tous les meubles, accessoires et décoration avec l'aide de Deirdre. Cette nouvelle section de la maison était complètement faite de poutres et planches de bois avec d'immenses fenêtres qui donnaient sur la forêt. *Buchanan House* commençait à ressembler à un hôtel de luxe. Nina se dit que déjà, ils n'habitaient qu'une partie de la maison... Mais son mari ne faisait rien à moitié et il voulait que sa petite famille puisse profiter de tous les plaisirs de la vie indépendamment de la température extérieure. Il avait fait aménager un gymnase ainsi qu'un sauna.

Dans quelques semaines, Jerry et Nina iraient retrouver l'équipe de Mark Rodnick pour la réalisation du film au Niger. Mark travaillait déjà avec son équipe à retoucher le scénario et à passer les auditions pour l'embauche des acteurs. Jerry avait pour sa part, la tâche de réunir les fonds nécessaires à la production du film et il n'eut aucun mal à s'adjoindre des partenaires financiers.

Ils seraient au Niger trois longues semaines où Nina serait séparée de ses bébés. Elle avait de la difficulté à accepter de les laisser, même si elle désirait par-dessus tout aller retrouver Mariama et Alex… Pourtant, les jumeaux seraient entre de bonnes mains avec leur grand-maman et Emma, elle n'avait aucun doute là-dessus.

Jerry continuait son projet d'écriture et ses recherches le menèrent dans les highlands où il prit un véritable plaisir à redécouvrir son coin de pays. Il se rendit à Crieff, où l'on retrouvait la plus ancienne bibliothèque de l'Écosse, fondée en 1680. Ensuite, il avait roulé toute la matinée, se dirigeant vers le château de Weem. Sa visite de la bibliothèque de Crieff l'avait laissé sur sa faim. Il n'y avait trouvé que peu d'écrits sur la bataille de Culloden et encore moins sur les Buchanan. Par contre, le registre des emprunts qui datait de 1747 s'était avéré captivant. Le journal de Lady Erlina relatait un voyage au château d'Invergary et il avait pris quelques jours afin de découvrir les lieux ou plutôt, ce qu'il en restait.

Jerry connaissait les Menzie, mais il ne put visiter le château de Weem à sa guise à cause d'un rassemblement de famille. Il dut se contenter d'en explorer l'extérieur ainsi que la forêt avoisinante. Il se promit de revenir avec Nina. Les bois de Weem regorgeaient de sentiers intéressants qui offraient différentes vues sur le château et le village. Il y avait dans la forêt un dragon endormi taillé dans la pierre et Jerry s'amusa à prendre nombre de photographies.

La visite des ruines du château d'Invergary remua plusieurs émotions en lui. Cette forteresse avait jadis été la plaque tournante de la révolution jacobite. Bonnie Prince Charlie y avait séjourné avant et après la bataille de Culloden. Jerry tenta de retrouver les vestiges de l'église, se remémorant les écrits du journal. Sur les lieux, il rencontra un homme âgé qui se nommait Adrian Moore. Adrian était un érudit passionné par l'histoire des jacobites et ils dinèrent ensemble à l'hôtel. Jerry lui fit un résumé du récit de Lady Erlina concernant le château d'Invergary et Adrian l'écouta avec un plaisir non dissimulé. Grâce à cette rencontre inattendue, Jerry en apprit plus sur le clan des MacDonell d'Invergary ainsi que sur leur participation à Culloden. Son périple devait se terminer à Invergary, mais il avisa Nina qu'il prolongeait son voyage car il ne pouvait résister à l'attrait de Culloden.

La bataille de Culloden fut l'affrontement final et la fin de la guerre civile de l'Écosse en 1746. Cette défaite avait marqué la fin des espoirs de restauration de la lignée de Stuart d'Écosse sur le trône d'Angleterre et de l'Écosse. Les troupes du roi George II avaient décimé les clans écossais catholiques dans cette ultime bataille. Sur le site historique, des drapeaux étaient installés le long des lignes de front des deux armées. La vision des monuments funéraires érigés à la mémoire des clans au-dessus de fosses communes plongea Jerry dans un intense recueillement. Personne ne pouvait rester insensible à une telle tragédie, près de 2000 morts parmi les clans alors que les troupes anglaises n'avaient déploré que 350 décès. Il s'agissait d'une victoire écrasante des canons et fusiliers contre les claymores des highlanders. Leur force légendaire, leur adresse et leur bravoure n'avaient pu faire le poids contre l'artillerie anglaise et leurs tirs à mitraille. Ce pèlerinage dans les highlands à la découverte de ses racines conforta Jerry dans sa volonté de raconter l'histoire de son clan.

Erlina avait cessé les soins avec regret. Elle ne le voyait plus que le soir au dîner et elle se retirait rapidement dans sa chambre, évitant de trainer au salon avec lui. Dame Morgane les surveillait et Erlina craignait qu'elle la réprimande si elle passait trop de temps avec le Laird. Il était devenu son protecteur et ils devaient éviter d'alimenter les ragots. Déjà qu'il occupait trop souvent ses pensées et qu'elle surveillait ses allées et venues au château... Personne n'était dupe.

Niamey, capitale du Niger

Août 2011

La Villa du Soleil portait bien son nom, la luminosité était extraordinaire ce qui avait toujours plu à Nina, mais en ce jour fâcheux où tout semblait aller de travers, la chaleur suffocante lui empoisonnait la vie. En effet, le climatiseur central avait rendu l'âme. Obtenir des pièces de rechange était impossible. Christiane avait installé un ventilateur sur pied et ouvert toutes les fenêtres, mais en vain. Le temps était au point mort, rien, pas même un bruissement de feuilles. Elle avait vécu au Niger pendant plusieurs années, mais en un an, son corps avait perdu l'habitude. Elle mit cela sur le compte des hormones. Les nausées avaient cessées depuis quelques jours et elle s'en était trouvée soulagée. C'était tôt, elle n'avait pas fini son premier trimestre, mais elle n'allait pas s'en plaindre…

Elle venait tout juste de discuter avec Deirdre au sujet des jumeaux et elle était contrariée. Ils étaient partis depuis plus d'une semaine et voilà que Liam était fiévreux. Elle avait fait ses recommandations, mais l'inquiétude la rongeait.

Ils avaient visité, avec Mark, tous les lieux importants; le site de la première clinique qu'elle avait ouverte ainsi que l'hôpital. Le tournage aurait lieu en Afrique du Sud, car la mésaventure de Nina et Jerry était encore très présente dans l'esprit de ce dernier. Le climat politique était bon depuis la réélection de Djibao Oumadha, mais toujours précaire, les forces rebelles étant encore actives au nord du pays. De toute façon, il semble que l'Afrique du Sud était le lieu de tournage par excellence en sol africain.

Mariama avait ouvert une clinique de maternité dans la ville de Say, à cinquante kilomètres au sud-est de Niamey. Elle avait initié des rencontres d'information avec les femmes du quartier sur des thèmes de santé publique, entre autres sur la prévention du paludisme. Depuis son arrivée, Nina n'avait pas pu la voir et cela la contrariait, car Jerry ne voulait pas la laisser voyager seule. Il était trop occupé avec Mark pour l'y accompagner. Elle s'était contentée de discuter avec elle par téléphone et Mariama avait promis de venir ce week-end. Alex quant à lui, avait remplacé Nina à l'Hôpital de l'Espoir et se débrouillait très bien dans ses nouvelles tâches administratives.

Elle soupira longuement en s'éventant à l'aide de son magazine. Non, elle n'allait pas rester toute la journée à ne rien faire dans cette chaleur accablante. Elle demanda à Joseph de l'accompagner à Say, elle passerait la journée avec Mariama. Ils arrivèrent à la clinique moins d'une heure plus tard, le voyage s'était fait sans heurts. Elle aurait dû s'écouter et y aller avant, les inquiétudes de Jerry étaient exagérées. Elle avait vécu au Niger pendant presque 10 ans, elle n'était pas devenue une poupée fragile. Mariama l'accueillie avec bonheur et lui fit visiter les installations. Plus grand que leur première clinique qu'elles avaient ouverte ensemble, le bâtiment brillait de propreté. Une réception, une grande salle d'attente attenante, cinq salles d'examens en plus des bureaux du personnel, un palace!

— Mon Dieu! C'est le grand luxe! s'écria Nina d'émerveillement.

— Oui, sourit Mariama. Grâce à ces installations, il est facile d'attirer les médecins… Viens, je veux te présenter quelqu'un…

Mariama frappa à la porte d'un des bureaux et entra. Une femme, d'un certain âge, les cheveux poivre et sel, se leva à leur entrée.

— Nina, laisse-moi te présenter le Docteur Rose Trudel. Rose vient du Québec et elle a décidé de se lancer avec nous dans cette aventure.

— C'est une bonne façon de commencer sa retraite, dit la femme en souriant. Elle tendit la main à Nina.

— Je suis Virginia Grace, dit Nina en lui serrant la main. Mais appelez-moi Nina!

— Nina, appelez-moi Rose!

Rose la serra dans ses bras chaleureusement.

— C'est toi la fameuse Nina! Eh bien! je suis enchantée de te rencontrer. Ce que vous avez fait, Mariama et toi, pendant toutes ces années, c'est extraordinaire! Toute ma vie, j'ai rêvé de faire de l'aide humanitaire, mais ma famille passait avant tout. Maintenant que mes enfants sont adultes, je peux me permettre de les laisser quelques mois...

Nina la trouva très sympathique et elle put l'aider dans les suivis de grossesse ce matin-là. Mariama vaccinait des enfants et Nina vint la rejoindre attirée par les cris de ses petits patients. Elle l'aida à immobiliser un petit garçon récalcitrant sous les regards inquiets de ses frères et sœurs. En fin de journée, elle prit grand plaisir à participer à l'atelier sur la nutrition que Mariama donnait à un groupe de femmes. La journée passa à un rythme d'enfer lui permettant d'oublier les crampes qui lui dardaient le ventre. Depuis son réveil, elle ressentait une lourdeur au bas ventre, elle avait carrément l'impression d'avoir une brique dans l'utérus. Soudain, un spasme lui arracha un cri, elle se rendit à la toilette la sueur perlant sur son front. Sa plus grande crainte se concrétisait. Les larmes lui brouillèrent la vue, elle ne put retenir ses sanglots. Onze semaines, il n'y avait rien à faire… Sa grossesse venait de se terminer.

Elle retourna à la Villa du Soleil accompagnée d'une Mariama inquiète. Cette dernière la mit au lit et donna ses instructions à Christiane. Mariama insista pour attendre le retour de Jerry avant de quitter. Nina avait été incapable de le joindre par téléphone.

Jerry était content de leur séjour et de sa collaboration avec son réalisateur. Mark avait compris l'essence du film. Dans le scénario, l'évolution du personnage de Nina était habilement composée. Tranquillement, le désespoir faisait place à l'espérance, la noirceur cédant à la lumière. Soigner les autres pour mieux se soigner soi-même. L'actrice choisie, Pénélope Davernas, était une Canadienne méconnue qui par sa sensibilité et sa simplicité avait conquis Mark et Jerry.

Jerry arriva en fin de soirée et fut surpris de voir Mariama l'accueillir. Nina craignait la réaction de son époux, elle pouvait presque entendre ses reproches… Il serait mécontent qu'elle soit allée à Say sans lui en parler. Elle écouta ses pas dans l'escalier avec appréhension, mais lorsque son regard croisa ses yeux turquoise, elle ne put retenir ses sanglots. Il vint rapidement se serrer contre elle, lui murmurant des mots doux contre ses cheveux. Il la tint contre lui, retenant ses larmes devant sa détresse. Il ne lui fit aucun reproche. Ils vécurent cet arrêt de grossesse ensemble, soudés l'un à l'autre dans leur douleur.

Loch Lomond 1745

Plusieurs semaines passèrent et William vaquait à ses occupations seigneuriales. Il parcourait ses terres, recevait les doléances des habitants, devait trancher et régler les conflits. Malcolm Murray était véritablement son bras droit, il assistait le laird dans toutes ses fonctions et prenait part à toutes les tribunes. William avait entièrement confiance en lui et leur collaboration était sans faille.

Malcolm avait trente ans et ne s'était jamais marié. Sa famille avait arrangé un mariage, mais sa jeune promise était morte des suites d'une chute à cheval. William le soupçonnait d'être encore

très amoureux de sa sœur Isla, et ce, depuis de nombreuses années…
En fait, bien avant son mariage avec le fils du Laird MacDonnell de
Glengarry. Le mariage d'Isla avait été célébré au Buchanan Castle et
Malcolm était resté introuvable cette journée-là. Isla avait demandé à
William de le retrouver, mais il avait préféré le laisser noyer sa
peine. Elle était partie accompagnée de son nouvel époux et sa
nouvelle famille sans pouvoir parler à Malcolm.   Pour elle, il
représentait bien plus qu'un simple ami et elle s'était sentie blessée
par son rejet. Secrètement, elle avait espéré que son père annule le
mariage avec Robert MacDonnell suite au décès de la fiancée de
Malcolm. Mais Georges Alexander Buchanan tenait à cette union
avec les MacDonnell de Glengarry. Ce clan était très puissant et
stratégiquement, le clan Buchanan se retrouvait véritablement en
position neutre.

Par un beau jour de mai, des visiteurs inattendus
s'annoncèrent au château. Il s'agissait de Ranald MacNab, le beau-
frère de William, accompagné de quatre de ses hommes. Ils étaient
de passage et avaient décidé de profiter de l'hospitalité des
Buchanan. Sir William et Dame Morgane les accueillirent avec
grand plaisir. Ranald était le neveu de Dame Morgane et William
avait passé toute son adolescence en sa compagnie.

Morgane avait épousé le Laird Andrew MacNab du Loch
Tay, duquel elle avait eu un garçon et trois filles. Elle avait perdu
son petit garçon à l'âge de 6 ans, une fièvre l'ayant emporté. Son

époux était décédé plusieurs années plus tôt d'une maladie respiratoire. Comme il n'avait pas de descendance directe, le titre de Laird étant un titre héréditaire, les biens et terres avaient été légués à son frère cadet Gilbert MacNab, le père de Ranald. Dame Morgane avait préféré revenir à Buchanan Castle, car elle s'y sentait véritablement chez elle. William avait accepté sans aucune hésitation.

Selon la tradition, William avait été envoyé chez un clan allié, en l'occurrence les MacNab, alors qu'il avait à peine onze ans. Cela afin qu'il y soit éduqué comme un membre du clan MacNab et qu'il y développe un sentiment de fidélité au clan aussi fort que les liens du sang. C'est pourquoi, Dame Morgane et lui était si proches et pourquoi ce Ranald était comme un frère pour lui. De plus, Ranald avait épousé Moira, la sœur de William. Dame Morgane expliqua tout cela à Erlina pendant le dîner.

Les hommes étaient engagés dans des conversations en gaélique auxquelles elle ne comprenait que des brides. À la demande de Sir William, elle chanta des chansons irlandaises. Ils lui demandèrent des complaintes écossaises, mais elle n'en connaissait pas. Dame Morgane se chargerait de lui en apprendre quelques-unes. Erlina se retira tôt, les hommes buvaient du whisky et parlaient forts, elle sentait que sa place n'y était pas. Ils la saluèrent respectueusement et William ne put s'empêcher de la suivre du regard.

— C'est donc vrai, *beag*[1] William est amoureux… se moqua Ranald.

— Qu'est-ce que tu racontes?

— J'ai entendu parler de cette pupille irlandaise que tu couves, tes hommes sont convaincus que tu vas en faire ta femme… Je ne la pensais pas si belle… Content pour toi frérot!

— Je ne vais pas l'épouser…

— Pourquoi? Tu as la chance de prendre la femme que tu désires, c'est une chance que peu d'entre nous ont! Les mariages sont arrangés depuis notre plus tendre enfance… Toi tu l'as eu ton mariage arrangé… tu peux maintenant épouser qui tu veux… Tu as de la chance vieux! Pense à Archie McAllister!

William sourit en pensant à ce pauvre Archie, son épouse était loin d'être une beauté…

— Tu n'as pas à te plaindre, ta femme est très belle, dit William en pensant à sa sœur Moira.

[1]beag : petit en gaélique

66

— On ne parle pas de ma femme, mais de la tienne… Qu'est-ce que tu attends? Personne ne voudra l'épouser, tout le monde est convaincu qu'elle est tienne.

— Elle ne veut pas se marier…

Ranald rit, il était surpris de voir William si peu sûr de lui, ça ne lui ressemblait pas. Maintenant qu'il avait vu cette Erlina, il comprenait la rumeur qui courrait. Elle était d'une beauté sans nom et paraissait complètement amoureuse de William. Elle le regardait avec adoration cherchant son regard constamment. Que dire de ce pauvre William, il semblait en ce moment déchiré. Et il en était complètement amoureux fou, aucun doute là-dessus. Il y avait quelque chose entre ces deux-là, on pouvait le *sentir*. Il semble qu'ils étaient, tous deux, les seuls à ne pas s'en rendre compte…

Dame Morgane décida de monter, elle en avait assez entendu. Elle appréciait l'intervention de Ranald, il fallait que William se décide. Il devenait difficile de faire taire les ragots, car leur attirance réciproque était tellement évidente. Dame Morgane se méfiait de la passion, s'il fallait qu'il tente quelque chose elle craignait pour l'honneur de la jeune femme.

1745

Ce soir-là, il monta très tard à ses appartements et trouva Erlina endormie sur une chaise tout près de la cheminée dans le salon jouxtant sa chambre. On avait allumé un feu et la lumière des flammes se reflétait sur ses cheveux qui scintillaient comme de l'or roux. Pendant un moment, il crut avoir une hallucination… Il avait trop abusé de whisky. Il s'approcha et se pencha vers elle, touchant son beau visage. Elle ouvrit ses beaux grands yeux et le regarda avec surprise, elle avait oublié qu'elle était venue pour lui parler.

William ne put résister à l'envie de gouter ses lèvres, il s'agenouilla et l'embrassa doucement en l'effleurant de sa bouche chaude. Elle répondit timidement à son baiser et il recommença, enhardi par sa réaction. Erlina fut incapable de le repousser, sentant des sensations toutes nouvelles monter dans son ventre et entre ses cuisses. Elle ne voulait pas qu'il s'arrête. William l'embrassa encore plus passionnément et devint plus insistant. Elle gémit quand il insinua sa langue tout doucement entre ses lèvres et l'accueillit avec joie. Il la souleva dans ses bras et prit la direction de sa chambre. Il la déposa sur son lit tout en continuant de l'embrasser, se coucha près d'elle et la reprit dans ses bras. Oh oui! Il allait lui faire l'amour, la faire sienne et mettre fin à cette torture… il l'aurait dans son lit toutes les nuits…

Elle n'arrivait plus à penser, il avait ses mains partout sur son corps et elle se tortillait de plaisir. Quand il embrassa la pointe de ses seins qu'il avait réussi à dénuder, elle revint à la réalité. Que faisaient-ils?

— Sir William… je vous en prie…

— Appelle-moi William mon amour, il la regardait de ses yeux brûlants. Laisse-moi te faire l'amour, ma chérie.

Il lui avait parlé d'une voix si grave et si douce avec ce regard… elle sentit des papillons monter dans son estomac. Elle fut incapable de lui résister, elle le désirait tellement… Elle ne résista pas quand il lui retira sa robe et elle le regarda retirer ses vêtements avec impatience. Elle ouvrit les bras pour l'accueillir quand il grimpa dans le lit complètement nu. Elle le trouvait magnifique, avec ses épaules larges et son corps si musclé, et son beau membre viril gonflé d'amour. Elle l'embrassa avec passion sur les lèvres et osa avec la langue… elle n'avait jamais embrassé un homme, mais elle était une bonne élève.

William fut surpris de son audace, elle manquait d'expérience, mais elle était passionnée… Il la caressa entre ses cuisses et elle le regarda surprise.

— Laisse-moi t'aimer ma chérie, dit-il en faisant un doux mouvement de va-et-vient avec ses doigts.

Elle s'appuya sur l'oreiller et le laissa faire, savourant ces sensations toutes nouvelles. Il l'embrassa tendrement et goûta ses seins tout en continuant de la caresser doucement. Ses gémissements eurent raison de lui. Il revint l'embrasser passionnément et elle était complètement alanguie quand il s'insinua dans sa douce fente humide et étroite. Elle ne put réprimer un petit cri de douleur, William avait senti une résistance céder et il s'arrêta. Il se retira. Elle était vierge! Il avait oublié ce détail… Elle le regardait inquiète.

— Qu'est-ce qu'il y a?

— Je suis désolé…

— Je vous jure que je n'ai jamais connu d'autres hommes, affirma-t-elle au bord de la panique.

— Je le sais, mon amour… je n'aurais pas dû te forcer… je suis désolé, j'avais oublié que tu étais vierge.

— Vous ne m'avez pas forcée, et je veux continuer. Faites au moins que ça compte… je vous en prie, ne me rejetez pas…

— Oh ma belle, je ne te rejette pas, je ne veux pas te faire de mal c'est tout! Je veux que tu aies du plaisir…

Elle se pendit à son cou et l'embrassa goulument. Il ne put résister plus longtemps et lorsqu'il la pénétra une seconde fois, elle ressentit une petite brûlure, mais le bonheur de le sentir en elle l'emporta sur tout. Quand il fut secoué de spasmes, elle l'accueillit avec ravissement. Ils s'endormirent ensuite dans les bras l'un de l'autre.

Il s'éveilla aux premières lueurs de l'aube et la regarda. Puis les vapeurs d'alcool se dissipant, il se rappela avec honte. Bon sang! il l'avait déshonorée. Puis, il vit le drap taché de sang qui ne mentait pas. Elle était si belle, nue et complètement abandonnée, elle lui offrait ainsi la plus belle image de féminité qu'il avait vue de sa vie. Sa poitrine ronde et ferme, le doux renflement de son ventre et ses cheveux d'une couleur magnifique qui descendaient presque jusqu'à sa taille. Il sentit l'émotion monter en lui. Il la protégerait et l'épouserait sur le champ s'il le fallait. Car, quand Dame Morgane découvrirait ce qu'il avait fait…

Elle ouvrit les yeux et le regarda incertaine. Elle lui sourit timidement. Il lui prit la main et embrassa l'intérieur de son poignet en la regardant tendrement dans les yeux, elle lui sourit émue.

— Que faisais-tu dans mes appartements?

— Je voulais vous parler…

— Ah oui?

— Je voulais vous demander… Pourriez-vous m'amener visiter mon oncle à Invergarry?

— Je crains que ce ne soit pas possible, ma chérie…

— Pourquoi? demanda-t-elle sèchement. Elle détourna le regard mécontente.

— Parce que ce n'est pas une bonne idée d'aller visiter les MacDonnell par les temps qui courent. Cela me pourrait me mettre dans une fâcheuse position.

— Vous n'avez pas besoin de m'accompagner…

— Il est hors de question que tu fasses ce genre de voyage sans ma protection.

Elle tenta de se lever, contrariée. Il la retint par le bras.

— Nina ma chérie… lui dit-il doucement.

Elle ouvrit grand les yeux, surprise d'entendre son surnom. Ses parents l'avaient toujours appelée Nina depuis sa plus tendre enfance. Toute petite, elle était incapable de prononcer Erlina, elle disait qu'elle s'appelait simplement « Nina » et cela était resté.

— Comment m'avez-vous appelée Sir?

— Nina, c'est comme cela que ta famille t'appelle n'est-ce pas?

— Oui...

— Ne m'appelle plus *Sir*, et tu peux me tutoyer. Lorsque nous serons mariés, tu seras ma Lady et…

— Mariés?

— Oui ma chérie, je suis un homme sans honneur qui a profité de toi…. Je t'ai pris ta virginité en dehors du mariage, je te dois réparation…

— Réparation? Non! Si je me marie je veux que ce soit par amour, et non par obligation ou parce qu'on me doit réparation!

Il la regarda estomaqué, avait-elle vraiment dit ça? Elle se leva prestement et entreprit de rechercher sa robe dans les vêtements éparpillés sur le sol. Il la regarda trop ahuri pour faire le moindre geste. Elle déambulait dans la chambre complètement nue attrapant ses vêtements. Elle sentit la colère montée en elle quand elle vit son regard admiratif sur sa poitrine. Elle lui tourna le dos et tenta de s'habiller le plus dignement possible. Elle voulait aller voir son oncle et il le lui refusait. Alexander était sa seule famille, elle avait besoin de lui.

— Par amour? Personne ne se marie par amour! L'amour est une invention de l'esprit des jeunes filles! J'ai déjà été marié et l'amour n'a rien à y voir. Le mariage est un engagement sérieux entre un homme et une femme. Un arrangement qui apporte des bénéfices à l'un comme à l'autre. Je t'offre ma protection, un toit et un nom… tout ce que tu as à faire en retour c'est d'être mon épouse fidèle et obéissante…

Il s'était levé et s'approcha d'elle. Elle se tourna vers lui, le regard haineux. Selon lui, l'amour n'existait pas... *Obéissante!* Ah non! elle n'était pas une femme soumise, il allait voir...

—Nina, je crois que c'est vraiment la chose à faire... J'ai peut-être trop bu hier soir et quand je t'ai trouvé ici, je n'ai pas eu la présence d'esprit de te raccompagner à ta chambre. Marions-nous, comme ça ton honneur sera sauf et nous pourrons partager le même lit sans...

Elle le gifla. Il toucha sa joue, médusé. Qu'est-ce qu'il lui prenait? Il l'avait défloré soit! Mais il lui offrait le mariage en retour... Il était Laird! Qu'est-ce qu'elle attendait de lui? Que voulait-elle de plus? Il la regarda sortir sans un mot, complètement abasourdi et nu comme un ver au beau milieu de la pièce.

1745

Erlina était vraiment en colère contre elle-même, des larmes de rage coulaient sur ses joues. Elle était adossée à la porte de sa chambre. Elle avait marché tellement vite dans le couloir pour se rendre à sa chambre, qu'elle avait de la difficulté à reprendre son souffle. Elle ne comprenait pas pourquoi elle ne l'avait pas repoussé, le goujat! Il ne l'aimait pas, il voulait seulement prendre son plaisir avec elle. L'amour n'existait pas selon lui, le mariage était un *arrangement.* Il lui offrait son nom, un toit et elle se donnait à lui, fidèle et obéissante. Sa catin! Il voulait faire d'elle une catin! Sa fureur était surtout due au fait qu'elle se savait éperdument amoureuse de lui et qu'il ne ressentait rien pour elle. Elle se sentait vide et si seule. Elle se jeta sur son lit et pleura toutes les larmes de son corps. Elle pleura cet amour impossible et aussi la perte de sa mère, qui l'avait quittée quelques semaines plus tôt.

William s'était finalement habillé et se rendit devant la porte de la chambre d'Erlina. Il frappa doucement et attendit. Il pressa son oreille contre la porte et perçut ses sanglots. Il frappa encore.

— Nina… dit-il doucement.

Il attendit et comme rien ne bougeait à l'intérieur, il abdiqua. Il sortit précipitamment et se dirigea droit vers les écuries. Malcolm et Craig étaient déjà au travail, Malcolm astiquait des armes et Craig soignait les chevaux. William sortit Sian de son box, l'enfourcha et quitta prestement le château. Il prit la direction du Loch et chevaucha longuement afin de calmer ses esprits.

Il ne savait plus quoi penser de cette fille. Elle le rendait complètement fou. Elle était adorable, de charmante compagnie, intelligente et tellement belle… Il revit son corps bouger sous lui, ses seins sublimes, ses yeux brillants de désir… Il ne comprenait pas la réaction qu'elle avait eue et s'expliquait mal sa colère. Ils n'avaient pas d'autre solution, le mariage était la meilleure qui soit pour eux deux. Si elle s'entêtait à refuser, il n'avait pas d'autres choix que de respecter sa volonté. Restait à espérer qu'elle ne soit pas enceinte…

De retour au château, il salua Ranald et ses hommes qui étaient sur leur départ.

— Je commençais à me dire que tu n'arriverais jamais! On doit partir tôt, car la route jusqu'à Callander est longue… Ça ne va pas, mon frère? Il s'est passé quelque chose, tu as l'air contrarié… lui dit Ranald en lui faisant une accolade.

— Non, ça va… rien de mieux qu'une balade à cheval pour replacer les esprits!

Ranald n'était pas dupe, il savait bien que cela concernait une certaine jeune dame. Mais il n'insista pas et essaya de lui arracher une promesse de visite à Kinnell House.

Innes Gibbon, la servante qui fit le lit du Laird fut très surprise de découvrir les draps souillés de sang. Elle les cacha et alla voir Dame Morgane. Cette dernière attendit le retour de William pour aller lui parler. Mais il paraissait tellement mécontent qu'elle rongea son frein. Lorsqu'il était dans de telles dispositions, mieux valait l'éviter, personne ne voulant faire les frais de son humeur massacrante. Erlina ne sortit pas de sa chambre.

Dame Morgane lui fit monter de l'eau chaude et la baignoire en plus d'un repas pour le dîner et n'insista pas. Elle savait pertinemment que William ne l'avait pas prise de force, elle le connaissait assez bien pour le savoir incapable d'une telle chose. Le mutisme de la jeune femme l'intriguait. Au dîner, William s'enquérit d'Erlina et Dame Morgane lui annonça qu'elle était malade tout en l'observant. Il baissa la tête et ne dit mot du repas. Il paraissait troublé et même triste? Elle ne comprenait rien, ils étaient amoureux l'un de l'autre ce n'était un secret pour personne. Ils s'étaient disputés assurément. Cette Erlina pouvait être très têtue tandis que William avait l'habitude d'être obéi au doigt et à l'œil...

Lorsqu'il monta à ses appartements, il s'arrêta devant la porte d'Erlina et frappa légèrement en murmurant son nom, attendant le cœur battant. Elle l'ignora et il continua son chemin le cœur lourd. Erlina s'était endormie et n'eut aucunement conscience de ces doux grattements à sa porte. Elle connut une nuit agitée peuplée de rêves où elle était pourchassée par un ours. Elle s'éveilla à plusieurs reprises, se sentant seule et apeurée. Elle regretta les bras de William et son grand corps chaud et protecteur.

Le lendemain fut une journée très mouvementée. Des visiteurs imprévus s'annoncèrent en fin d'après-midi. William était parti avec Malcolm à Killearn pour ses affaires seigneuriales. Dame Morgane s'occupa de les accueillir selon les règles d'usage. Il s'agissait de Thomas Buchanan, fils du Laird d'Auchleishie de Callander, de son serviteur John Buchanan et d'un Français qui connaissait bien William, Lionel de Boran. Ce dernier était le fils du Marquis de Castilly de Normandie. Il voyageait avec ses serviteurs.

Ils revenaient tous d'Inveraray où le Duc d'Argyll avait reçu Lionel de Boran. Ce dernier était un artiste et il avait reçu une commande de plusieurs toiles, pour le Château d'Inveraray que le Duc d'Argyll se tardait de voir construire.

Erlina fut curieuse de l'agitation des servantes face à ces nouveaux visiteurs et elle ne tarda pas à descendre voir ce qui se tramait. Ils étaient tous au grand salon et elle hésita sur le pas de la porte, impressionnée par ces nouveaux hommes. Dame Morgane fit les présentations, Thomas Buchanan était un beau jeune homme roux, grand et costaud tandis que Lionel de Boran était un homme âgé d'une trentaine d'années, d'une beauté hors du commun. Il avait des cheveux de jais, un teint olivâtre et des yeux bleus perçants qui semblaient sourire. Il lui fit une révérence en lui baisant la main.

— Madame, votre beauté m'éblouit. Vos yeux sont plus bleus que le ciel et vos cheveux sont la couleur des flammes qui embrasent mon cœur. Votre charme me laisse coi de béatitude… lui dit-il en la gratifiant d'un merveilleux sourire.

Un raclement de gorge qui ressemblait plus à un grognement de fureur les fit se retourner. William venait de pénétrer dans le salon et fixait Erlina d'un air mécontent. Elle baissa les yeux, gênée. Lionel de Boran tenait toujours sa main et elle tira dessus prestement.

— William, mon vieil ami! Je suis heureux de te voir. Comment vas-tu?

Il serra chaleureusement la main de William et de Malcolm. William fut plus réservé, mais il accueillit tout de même ses invités avec politesse. Ils s'assirent tous au salon. William et Lionel dans des fauteuils, côte à côte.

— Qui est cette jeune femme si mm…, intéressante? demanda Lionel nonchalamment.

— Il s'agit de Miss Erlina O'Neil, son oncle nous l'a confié. Elle est sous la protection de Dame Morgane, répondit William sèchement.

— Une pupille… Intéressant… susurra-t-il en observant l'objet de sa convoitise.

Elle était assise sur un divan et les regardait calmement. Elle était superbe dans sa robe lavande, le décolleté laissait voir sa gorge splendide et la naissance de sa poitrine voluptueuse. William était incapable d'en détacher ses yeux. Ses cheveux étaient tressés en une mince couronne autour de sa tête et le reste de sa longue chevelure cascadait dans son dos. Lionel s'adressa à lui en français.

— J'imagine que si je veux lui faire la cour je dois t'en faire la demande?

William retint sa fureur, il avait carrément envie de lui casser la figure. Lionel, si aristocratique et toujours habillé à la dernière mode. Il avait l'air d'un rustre à côté de lui avec ses cheveux en bataille, sa barbe de quelques jours et son kilt.

— En fait, Dame Morgane devra également donner son accord… Mais je t'avertis Monsieur le Marquis… Tu ne touches pas sans l'épouser… Elle doit rester intacte, lui répondit-il en français.

Il connaissait l'homme, il savait qu'il n'avait aucunement l'intention de prendre épouse. Flirter était son unique dessein afin de rendre la demoiselle consentante… Il réprima ses pensées de crainte que cela ne paraisse sur son visage. Il prit des nouvelles d'Inveraray et de la famille du Duc. Thomas Buchanan était un lointain parent et il lui demanda des nouvelles des Buchanan de Callander.

Ils passèrent à la salle à manger et le repas se déroula sans encombre, malgré Lionel qui ne cessait de jeter des regards intéressés à Erlina et qui tentait de lui faire la conversation dès qu'il en avait l'occasion. Erlina restait polie, mais elle était embarrassée d'être le centre de l'attention. Elle discutait avec Thomas et Dame Morgane, posait des questions sur Inveraray et sur leur voyage. Elle lui demanda s'il était déjà allé à Invergarry, elle voulait savoir combien de temps on devait prévoir pour faire le voyage et par quels moyens on pouvait s'y rendre. La conversation n'échappa pas à William.

— Je pourrais vous y escorter... lui disait Thomas timidement.

— Il n'en est pas question! dit William d'une voix forte. Si Miss O'Neil tient tellement à s'y rendre nous l'y escorterons... elle le regarda surprise. Lorsque je le déciderai, ajouta-t-il.

Elle fit la moue ce qui n'échappa à personne. On pouvait sentir la tension entre les deux, il la fixait constamment et elle semblait fuir son regard délibérément. Lionel observait son compagnon et commençait à saisir ce qui se passait. Il allait tirer le diable par la queue.

— Gente dame, qui fait battre mon cœur, me permettrez vous de danser avec vous?

— Danser? demanda-t-elle le regardant avec étonnement.

Il demanda à un de ses serviteurs, qui était resté à l'écart le long du mur de la salle à manger, d'aller chercher quelque chose dans un de ses coffres pour Laird William. Il revint avec un étui qu'Erlina reconnut aussitôt.

— Un violon, dit-elle enchantée.

— Oui et c'est un cadeau pour mon ami William…

William oublia vite l'invitation à danser et accepta le cadeau avec plaisir. Il l'ouvrit avec précaution, Erlina s'était approchée et se tenait tout près. Il ne put s'empêcher de la regarder un court instant, prenant ensuite le violon entre ses mains. Sa couleur rouge-orangé était singulière.

— C'est un luthier italien très réputé qui l'a fabriqué. Antonio Stradivari, affirma Lionel.

William mit le violon sur son épaule, y appuya son menton et joua quelques notes. Au grand plaisir d'Erlina qui ne put s'empêcher de s'exclamer.

— Oh! Oui Sir William, jouez-nous quelque chose…

Il lui sourit, repoussa sa chaise pour s'installer confortablement et joua une complainte classique qui fit fondre Erlina de bonheur. Elle se rassit et ne put détacher ses yeux de William pendant qu'il jouait concentré sur son instrument. Lionel lui demanda galamment une danse en faisant une légère révérence. Elle se leva dignement et lui offrit sa main qu'il prit doucement. Ils dansèrent placidement, se frôlant à peine, ne se touchant que les mains. Lionel ne voulait pas s'attirer les foudres de William, mais il ne put s'empêcher de le provoquer, sentant que cette jeune femme était loin de le laisser indifférent. William regardait Erlina danser. Elle était sublime, se mouvant avec grâce et même si elle ne semblait pas connaître la danse que Lionel tentait de faire, elle le suivait sans problème. Il jouait par mémoire et était incapable de cesser de la regarder. Soudain, Lionel l'attira à lui.

— Cela suffit maintenant! dit William en cessant de jouer brusquement et en déposant le violon.

Ils passèrent au salon. Thomas prit congé, Erlina n'avait pas l'intention de veiller très tard, elle n'aimait pas s'attarder trop quand William était présent. Elle trouvait difficile de fuir son regard et de tenter d'ignorer sa présence alors qu'elle était attirée par lui comme un aimant.

— Chère Dame Morgane, William vous a-t-il raconté comment il m'a sauvé la vie et comment ma dette envers lui est immense? Ce violon qui m'a coûté une petite fortune n'est rien en comparaison de ce que je lui dois vraiment... Voyez-vous, je suis un bâtard et grâce à lui, mon père a reconnu ma légitimité. Je lui en serai éternellement reconnaissant. Ma mère était une Espagnole exilée en France, une des nombreuses conquêtes de mon père...

William avait passé quelque temps en France, plus particulièrement en Normandie, avant de devenir Laird. Il s'était engagé comme matelot sur un navire marchand qui faisait le commerce avec le continent.   Lionel de Boran s'appelait alors Lionel Calderòn, sa mère lui ayant donné son nom. Il était maître d'équipage et William était un de ses subordonnés. Un jour, suite à un malencontreux incident Lionel s'étant retrouvé à la mer, William se jeta à sa rescousse pendant que les autres membres de l'équipage tentaient de les remorquer à l'aide de la bouée. La Manche était très agitée ce jour-là et la tempête se levait, si William n'avait pas sauté, Lionel aurait péri sans aucun doute. William avait ensuite aidé Lionel à retracer son père. Avec son acte de naissance et beaucoup de courage, Lionel avait réussi à obtenir audience auprès du Marquis de Castilly. Et cela, grâce aux recommandations du Duc D'Argyll que William lui avait obtenues.

— Grâce à mon ami William, je suis maintenant l'héritier du Marquis de Castilly et j'ai reçu mes lettres d'anoblissement. Mon père n'ayant aucun autre enfant vivant. Merci mon ami… *Slainte*! dit-il en trinquant avec William.

— *Slainte*! répondit ce dernier.

Erlina avait écouté avec intérêt car tout qui avait trait au Laird la captivait malgré elle. Elle se leva et prit congé en saluant galamment tous les invités.   Lionel se leva aussitôt pour la saluer,

William fit de même prestement. Dame Morgane l'accompagna jusqu'à l'escalier.

— Explique-moi pourquoi tu ne l'épouses pas... J'ai bien cru que tu allais me casser la gueule... Tu l'as dans la peau mon ami, c'est évident...

— Elle ne veut pas se marier.

— Je ne connais qu'une seule façon de te débarrasser de ce désir qui te consume...

— Ah oui?

— Fais-la tienne! Prends-la! Elle ne demande que ça...

— Attention à ce que tu dis, dit William menaçant.

— Tu vois comment tu la protèges?

— Et qu'est-ce qui arrive si je la fais mienne et que rien ne change et que je la désire encore plus?

— C'est que tu es amoureux vieux! Là, il ne te reste qu'à l'épouser...

— William… dit Malcolm en le regardant franchement, il a raison et tu le sais. Arrête ce petit manège une fois pour toutes. Tu ne vas pas attendre qu'un autre homme fasse la cour à ta femme… Toi, t'as bien failli perdre tes dents! Il donna un coup de coude dans les côtes à Lionel qui rit de la boutade. T'as du courage, moi je n'aurais pas osé…

— Il faut dire que la dame en vaut la peine, c'est une vraie beauté…

William lui donna un coup de coude à son tour.

— Aie! D'accord, j'arrête!

— Je lui ai demandé de m'épouser, mais elle a refusé…

— Tu lui as demandé ou tu lui as imposé ta volonté comme un fait accompli? demanda Morgane qui revenait.

William réfléchit à ce qu'elle venait de dire… En vérité, il ne lui avait pas demandé de l'épouser, il avait pris cela comme acquis; il lui avait fait l'amour, il devait l'épouser. Il ne lui avait donné aucun choix.

— Je la connais depuis assez longtemps pour savoir qu'elle accepte mal ce qu'on lui impose... Fais-lui une demande en bonne et due forme, dit Morgane.

— Comment réparer mon erreur? demanda-t-il penaud.

— Fais-lui la cour, mon vieux... Fais-lui des compliments, fais-la se sentir désirable, dis-lui que tu l'aimes, fais-lui des cadeaux... Dis-lui comment elle est belle...   Ne me dis pas que tu n'as jamais flirté, dit Lionel.

Habituellement, les femmes venaient à lui et il n'avait pas grand-chose à faire. Pour son premier mariage, il n'avait pas eu besoin de la courtiser, elle lui était destinée.   Ce soir-là, il s'attarda longuement devant la porte d'Erlina, le cœur soudain plus léger. Il allait la courtiser, la rendre amoureuse de lui à son tour et elle ne pourrait lui résister...

Wicklow, Irlande

Septembre 2011

Le panorama était superbe, on n'avait aucun mal à saisir pourquoi l'Irlande était surnommée l'île Émeraude. Ce voyage replongeait Nina dans ses maigres souvenirs, l'absence de sa mère lui paraissant encore plus flagrante. Ce manque lui avait pesé lourdement toute sa vie durant. Or, elle allait faire la rencontre de sa grand-mère, cette femme qui avait élevé Catherine… Pourquoi n'avait-elle jamais pris contact avec le père de Nina? Perdue dans ses pensées, elle contemplait distraitement le paysage verdoyant.

Eveleen O'Neil était une dame âgée de 87 ans qui vivait seule dans sa petite maison de pierres blanchies. C'est dans cette demeure qu'elle avait passé pratiquement toute son existence, s'étant mariée à un très jeune âge. Son mari Michael était décédé depuis de longues années, et depuis elle se sentait très esseulée. C'est pourquoi elle attendait cette visite avec impatience, curieuse de connaître la fille de Catherine.

Leur rencontre fut mémorable, la vieille dame fut littéralement enchantée par Nina et les jumeaux. Elle avait l'impression de voir Catherine à travers elle et pourtant, elles étaient si différentes. Nina était douce, remplie d'une joie de vivre incroyable. Elle serra longuement Jerry dans ses bras. Le fils de Deirdre, elle trouvait leur histoire d'amour quelque peu surprenante. Catherine et Deirdre avaient été inséparables dans leur jeunesse... Il rendait sa Nina heureuse, c'était évident. Ils se décochaient des regards complices en s'échangeant les enfants de bras au gré de leurs caprices. Jerry s'occupait des jumeaux tandis que Nina discutait avec elle. Inévitablement, elle sortit des albums photo. Elle se sentait nostalgique devant toutes ces images de Catherine et Michael. Ils avaient été une famille heureuse avant le départ de leur fille pour le Canada.

Nina demanda des précisions sur les raisons de l'exil de Catherine. Eveleen répugnait à lui raconter toute la vérité, ne voulant pas ternir ces belles retrouvailles, mais elle ne put cacher la triste vérité à sa petite fille.

— Catherine a quitté l'Irlande alors qu'elle était âgée d'à peine vingt ans et elle n'est jamais revenue. Nous sommes allés, ton grand-père et moi, au Canada lors de ta naissance... Deirdre et Alistair, les parents de ton époux sont venus également, et avec Jerry!

Elle sourit.

— C'était à l'occasion de ton baptême...

La vieille dame ferma les yeux un instant puis repris son récit les yeux brillants de larme.

— Ils se sont querellés... violemment. Elle soupira.

— Qui? fit Nina curieuse.

— Catherine et son père... Et Catherine a complètement coupé les ponts avec nous par la suite.

— Pourquoi? demanda Nina le cœur battant.

— Catherine était aussi têtue que son père et ils étaient incapables de se trouver dans la même pièce sans se disputer, et cela depuis ce fameux soir...

Nina attendit la suite, le cœur serré.

— Ton grand-père Michael avait un charme fou. Lorsque je l'ai connu, il travaillait comme soudeur sur un chantier naval, mais le vendredi soir, il se transformait en véritable bête de scène. Il était le chanteur et guitariste d'un groupe de musiciens qui donnait le meilleur spectacle en ville au Wicklow's Pub. Au début de notre mariage, j'étais une véritable groupie et j'assistais à tous les spectacles. Mais avec les années, je me suis désintéressée de sa musique alors qu'il continuait ses folles virées du vendredi soir. Puis, prendre soin de Catherine me donnait l'excuse ultime pour ne plus le suivre. Je me doutais bien que Michael avait des aventures, mais cela m'arrangeait d'une certaine façon. Personne n'était dupe, sauf Catherine que l'on garda bien à l'écart de toutes ces histoires. Ta mère était une jeune fille pleine de vie, volontaire et elle avait hérité du charme de son père. Elle avait un grand cercle d'amis et s'amusait follement. Je lui reprochais de manquer de sérieux et la réprimandais peut-être trop… Elle rentrait trop tard, ses jupes étaient trop courtes et ses décolletés trop plongeants. Puis, elle s'était amourachée d'un musicien alcoolique, Dave O'Grady, trop âgé pour elle, et son père ne l'appréciait guère.

Elle prit une pause, afin de mettre de l'ordre dans ses idées et se préparer pour la suite.

— Un soir, qu'elle était sortie avec Dave, il la ramena chez lui au milieu de la nuit. Ils grimpèrent les escaliers pour se rendre à son appartement, tout en s'embrassant passionnément. C'est ce qu'elle a raconté à Deirdre, ta belle-mère... Ils furent soudainement interrompus par un couple qui entrait dans l'immeuble. Il s'agissait de son père avec une femme pendue littéralement à son cou. Il la regarda avec stupeur puis voyant dans l'état où elle se trouvait, la colère prit le dessus et ils se disputèrent violemment. Quelque chose se brisa entre eux ce soir-là, Catherine avait vu le vrai visage de son père et les morceaux du casse-tête se mirent en place. Elle prit alors conscience de la double vie de Michael et fut incapable de vivre avec ce lourd secret. La veille de son départ, elle l'a provoqué devant moi parce qu'elle voulait le forcer à m'avouer la vérité... Et lorsqu'elle apprit que j'étais au courant depuis longtemps, elle m'a regardé avec haine et dégout... Et j'ai senti mon cœur se briser... Elle a quitté pour le Canada le lendemain. Elle ne nous a jamais pardonné, elle a dit qu'on l'avait trahie de la pire des façons...

Nina prit sa grand-mère dans ses bras et elles pleurèrent toutes les deux. Elle se garda bien de lui reprocher leur absence, elle qui s'était toujours sentie orpheline alors qu'avec eux, ils auraient pu former la famille qu'elle avait tant désirée.

Ils ne restèrent que trois jours en Irlande. À leur départ, elles se promirent toutes les deux de se revoir pour Noël. Eveleen resta longtemps pensive, assise dans sa berceuse à ressasser de mauvais souvenirs…

Loch Lomond 1745

Le lendemain de sa discussion avec Lionel concernant Erlina, William se leva très tôt et alla retrouver Craig et Malcolm aux écuries. Il leur dit de se préparer prestement, ils partaient pour Drymen. Sa soudaine bonne humeur contrastait avec son attitude morose de la veille. Ils revinrent vers le milieu de la journée avec une fabuleuse pouliche. De race hanovrienne, il s'agissait d'une belle jument d'un blanc pur, de taille moyenne, au regard calme et doux. Elle était puissante et bien musclée, une véritable beauté.

Il demanda qu'on aille chercher Erlina. Il attendit dans la cour de la voir apparaître le cœur battant. Elle sortit du château et vint vers lui, le regard interrogateur. Il la trouva ravissante avec sa robe de velours indigo qui faisait ressortir la teinte de ses yeux. Elle avait les cheveux qui tombaient en cascades libres sur ses épaules et dans son dos. Elle sourit en voyant la pouliche et tendit la main pour la caresser doucement.

— Vous m'avez demandé milord?

— Oui, il se racla la gorge pour se donner contenance.

Il lui remit les rênes de la jument.

— Vous pouvez lui donner un nom, je vous l'offre...

Elle le regarda avec de grands yeux.

— Vous voulez dire que ce cheval est pour moi?

Elle souriait de toutes ses dents en caressant la bête.

— Oui, il s'agit d'une jument hanovrienne et elle a trois ans...

— Oh! Merci milord!

Elle se jeta à son cou spontanément. Quand il referma ses bras autour d'elle et la souleva, son souffle se bloqua dans sa poitrine. Il la déposa brusquement et esquissa un geste de la main.

Elle se ressaisit aussitôt et le remercia encore timidement. Il l'aida à grimper en selle et ne put s'empêcher de caresser ses chevilles brièvement. Erlina tressaillit en sentant ses mains chaudes, il éveillait en elle des sensations tellement délicieuses. Il enfourcha son cheval et ils partirent pour une promenade d'un accord tacite.

Il l'amena jusqu'au Loch Lomond où ils prirent un sentier qui longeait le lac. Il lui montra une île qui s'appelait Inchcailloch où vivait une communauté de Buchanan au siècle précédant. On y apercevait une église abandonnée. Erlina écouta très intéressée, trouvant le paysage magnifique tout comme lui. Il se mouvait avec son cheval comme s'ils ne faisaient qu'un. Il s'était rasé et avait attaché ses cheveux. Elle le trouva différent. Habituellement, il ne se souciait guère de son apparence.   Il était charmant et pour la première fois depuis qu'elle le connaissait, il était détendu en discutant de tout et de rien. Et ils étaient véritablement seuls. Elle s'efforçait de ne pas penser à cette nuit où leurs corps s'étaient retrouvés, car ces souvenirs la troublaient profondément. Il avait une véritable emprise sur elle, mais heureusement il ne semblait pas s'en apercevoir.

— As-tu pensé à un nom pour ta nouvelle monture?

— Oui, je crois que ce sera Jewel. Elle est aussi belle qu'une rivière de diamants. Et elle est tellement précieuse à mes yeux… Je n'ai jamais possédé un cheval, merci encore.

Elle le regarda et lui sourit, reconnaissante. William était vraiment content de son idée, elle avait accepté son cadeau et cette promenade en tête à tête avec elle était inespérée...

— Ton cheval, comment s'appelle-t-il? lui demanda-t-elle.

— Sian, cela veut dire « tempête » en gaélique.

Elle regarda le destrier noir qui surplombait sa pouliche d'une tête.

— Cela lui va très bien, même s'il semble avoir bon caractère...

— Oui, il sourit en caressant les oreilles de son cheval avec affection. Tiens, arrêtons-nous ici...

Il descendit de sa monture et la prit dans ses bras pour la déposer sur le sol, mais la retint plus longtemps que nécessaire, yeux dans les yeux, leurs lèvres s'approchèrent...   Il l'embrassa doucement, comme s'il la dégustait et elle ferma les yeux de bonheur. Elle s'abandonna complètement à son étreinte.

— Nina... j'ai envie de toi, tu me rends fou...

Il la serra contre lui et elle passa ses mains autour de son cou. Il marcha et se rendit au pied d'un saule. Il la déposa sur l'herbe fraiche et s'assit à ses côtés. Ils se regardèrent amoureusement, et il l'embrassa encore une fois. Cette fois, il se fit plus insistant en insinuant sa langue doucement dans sa bouche et elle gémit de surprise et de plaisir. Ces petits sons eurent pour effet de le rendre encore plus fébrile et il la renversa en caressant ses cuisses sous sa robe tout en l'embrassant fiévreusement. Erlina était incapable de penser, elle le voulait maintenant, elle l'aimait plus que tout... Soudain, elle se ressaisit non! Elle n'allait pas succomber encore une fois... Elle le repoussa doucement en le regardant dans les yeux. Il soupira et la relâcha.

— Excuse-moi...   Je perds la tête, dit-il en se passant la main sur le front.

Il semblait troublé. En fait, dès qu'il la touchait il perdait tout contrôle de lui-même. Elle ne dit mot et regardait leurs mains enlacées.

— Quand j'étais enfant, je venais souvent ici et je m'assoyais sur le rocher que tu vois là-bas les pieds dans l'eau...

— C'est si beau... dit-elle en regardant le lac. Tu as dû être un petit garçon turbulent...

— Non pas vraiment… Craig était puni plus souvent que moi! En fait, j'étais très serviable et je suivais Malcolm partout. C'était mon modèle, je n'ai pas eu de frère alors… À l'âge de onze ans, mon père m'a envoyé chez tante Morgane. Kinnell House est devenue ma seconde maison et Ranald est pour moi un véritable frère, tout comme Malcolm et Craig. Innes est la femme de Craig…

— Oui, je sais. Pourquoi Malcolm n'est-il pas marié?

— Il a été fiancé, mais sa promise est morte des suites d'une chute de cheval avant leur mariage. Il n'a jamais cherché à se marier par la suite. Je pense qu'il avait le cœur brisé, car celle qu'il aimait était promise à un autre…

— Oh! Comme c'est triste.

Il lui sourit tendrement. C'était la première fois qu'ils avaient une véritable conversation. Leur statut de Laird et de pupille les obligeait à maintenir une distance et des formalités qui les empêchaient de réellement communiquer. Le soleil commençait à décliner et ils durent se résigner à rentrer au château.

En pénétrant dans la cour, ils virent un nouveau carrosse tout près de celui de Lionel de Boran. Ils ramenèrent les chevaux à l'écurie et les confièrent aux bons soins de Craig et du jeune Keith.

William demanda des explications à Craig sur les nouveaux visiteurs.

— Dame Morgane voulait qu'on aille te chercher, mais Malcolm l'a formellement interdit... dit-il en leur jetant un regard entendu. Il s'agit de Lady Campbell de Strachur et de sa charmante fille, dit-il en baissant les yeux mal à l'aise.

William soupira et regarda Erlina véritablement ennuyé. Il avait reçu une missive quelques mois plus tôt pour l'inviter à discuter d'un mariage possible avec la sœur du Laird de Strachur. Il avait décliné poliment l'invitation, croyant par le fait même avoir fait comprendre son désintérêt. Il devait une explication à Erlina avant de faire quoi que ce soit... Ils sortirent de l'écurie, William hésitait ne sachant pas comment s'y prendre quand Lionel vint les rejoindre.

— Mon cher ami, tu m'avais caché que tu avais une fiancée...

— Quoi? s'étrangla Erlina.

Elle regarda William haineusement et courut au château se réfugier dans sa chambre. Ce dernier la vit s'enfuir impuissant et se tourna vers Lionel furieux.

— Tu es toujours aussi subtil à ce que je vois! Je ne sais pas ce qui me retient de te mettre mon poing au visage Lionel Calderòn!

William partit vers le château décidé à affronter son sort. Lady Elizabeth Campbell était une femme d'un certain âge et elle connaissait Dame Morgane depuis de longues années. Son époux John Campbell était décédé un an plus tôt et son fils ainé Clyde Campbell lui avait succédé. La plus jeune des filles Campbell, qui se nommait Charlotte, était âgée d'à peine dix-huit ans. William ne l'avait jamais vue. S'il s'était écouté, il aurait monté les marches en courant et serait allé rejoindre Erlina pour s'expliquer. Au lieu de cela, il fit son devoir d'hôte et alla retrouver les invités qu'il devina être au salon. Effectivement, Dame Morgane s'y trouvait avec Lady Campbell et sa fille Charlotte. Cette dernière était une jolie et frêle jeune fille blonde. Il la trouva totalement sans intérêt, comparé à la bouillante jeune femme qu'il avait l'habitude de côtoyer.

— Sir William, mon neveu! Nous vous attendons depuis quelque temps... Venez que je vous présente nos charmantes invitées... Voici Lady Elizabeth Campbell de Strachur et sa charmante fille, Miss Charlotte...

Il fit les salutations et politesses d'usage, trouvant la main de la jeune fille trop froide, trop moite, trop molle. Elle le regardait avec admiration, mais semblait craintive. Trop fade, trop soumise, il préférait mille fois son petit volcan sur le point d'exploser... Il prit congé, prétextant devoir se changer pour le dîner.

Il monta à toute vitesse et alla frapper à la porte d'Erlina. Évidemment, elle ne répondit pas. Il insista en murmurant son nom. Il avait appuyé son oreille sur la porte et faillit tomber à la renverse quand la porte s'ouvrit subitement. Surpris, il entra prestement et referma derrière lui. Elle le regardait furieuse, les joues en feu, ses beaux yeux bleus presque noirs, tenant un tisonnier entre ses mains d'un air menaçant.

— Fiancé! Espèce de goujat! Tu penses prendre ton plaisir avec moi et faire de moi ta catin pendant que tu vas épouser une jeune fille innocente!

— Dépose ce tisonnier et laisse-moi t'expliquer!

Elle avança vers lui, il recula en mettant ses mains devant lui pour essayer d'attraper son arme de fortune.

— Je ne suis pas fiancé!!! Je n'ai jamais demandé la main de cette jeune fille! Son frère m'a écrit il y a quelques mois afin que j'aille les rencontrer, mais j'ai refusé d'y aller... Je n'ai jamais eu l'intention de l'épouser, je ne l'avais même jamais vue avant aujourd'hui!

Il lui prit le tisonnier des mains, elle le laissa faire. Elle ne savait plus quoi penser, les émotions se mélangeaient dans son esprit; colère, jalousie, soulagement. Mais elle resta tout de même méfiante.

— Nina, je ne vais épouser personne, je te le jure...

— Je crois en ce cas que tu devrais sortir de ma chambre avant que quelqu'un ne t'y prenne.

Il lui vola un doux baiser avant de la quitter en riant doucement de sa voix grave. Elle resta debout devant la porte encore sous le choc de son baiser. Puis, elle soupira et alla se poster devant sa fenêtre. Elle pouvait apercevoir Jewel, sa jument, et regretta pendant un instant d'être une femme. Si elle avait été un homme, elle serait partie à cheval jusqu'à Invergarry. Mais Doug Campbell lui revint en mémoire et ce fut suffisant pour la dissuader. Elle avait vraiment eu peur de mourir, quand il avait transpercé le pauvre marchand de sa claymore... Elle chassa ces souvenirs de son esprit. William la protégerait, elle en était certaine, il fallait juste qu'il accepte de l'emmener. Bon, elle se dit qu'elle ferait mieux de se préparer pour le dîner. Voir William se dépêtrer avec cette histoire factice de mariage arrangé pourrait être, après tout, très divertissant.

Quand Erlina descendit, ils étaient encore au salon. Lionel de Boran discutait avec les dames, son charme faisant son effet. Les dames riaient doucement et les regards qu'il jetait à la jeune fille n'échappèrent pas à Erlina. C'était sans aucun doute, un séducteur invétéré. Elle était curieuse de savoir comment elle serait accueillie…

— Miss Erlina, signifia Dame Morgane en se levant pour l'accueillir. Elle lui prit la main et la dirigea vers Lady Campbell. Voici Miss Erlina O'Neil, elle est sous ma protection, son oncle Alexander O'Brien me l'a confié.

— Vous êtes Irlandaise?

Lady Campbell était très surprise de savoir que le Château des Buchanan abritait une pupille irlandaise d'une telle beauté.

— Oui milady…

Dame Morgane continua les présentations avec Miss Charlotte Campbell qu'Erlina trouva très réservée et soumise. Peut-être était-ce le genre d'épouse dont William avait besoin, une petite femme qui l'admirerait et qui ferait ses quatre volontés sans discuter… Lionel attarda ses lèvres sur sa main en la regardant dans les yeux. William entra au même moment en jetant un regard de feu à Lionel. Ce dernier retint un sourire, il avait bien hâte de voir comment son ami allait se sortir de cette impasse…

— Que nous vaut l'honneur de votre visite, mes chères dames? demanda William de but en blanc, une fois attablé.

Lady Campbell fut surprise et mal à l'aise, ne sachant pas quoi répondre. Ils étaient tous suspendus à ses lèvres.

— N'avez-vous pas reçu une lettre de mon fils vous invitant à venir nous visiter afin de discuter d'une union entre vous et ma fille Charlotte?

— Oui, j'ai bien reçu la missive, mais je crois avoir décliné votre offre par une lettre que je vous ai fait parvenir la semaine suivante, ne l'avez-vous pas reçue?

— Oui… dit-elle, hésitante. Vous avez dit ne pas pouvoir venir…

— Je suis désolé, peut-être ai-je manqué de limpidité dans mon message, dit-il d'un ton sans appel.

— Dois-je comprendre que nous avons fait le voyage pour rien? demanda-t-elle d'une voix blanche.

— Mais non chère amie, nous sommes très heureux de vous accueillir parmi nous, la rassura Dame Morgane d'une voix douce.

Le reste du dîner se passa sans encombre, mais les conversations furent réservées, un malaise persistant malgré tout. Thomas fit grande impression à la jeune Charlotte qui le trouva très séduisant. Leur attirance paraissait réciproque et William en fut bien heureux. Lady Campbell les observait du coin de l'œil pendant tout le repas. Elle connaissait le Laird d'Auchleishie, il était âgé et il n'avait qu'un seul fils… Ce Thomas semblait bien élevé et il plaisait à Charlotte, peut-être deviendrait-elle Lady Buchanan d'Auchleishie, ce voyage serait peut-être bénéfique après tout.

Ils passèrent ensuite au grand salon, Erlina fut surprise d'y trouver un piano. Elle s'y dirigea directement.

— Ce piano n'était pas là… dit-elle surprise en interrogeant William du regard.

— Non, lui dit-il en souriant, il était remisé et je l'ai fait amener ici.

— Puis-je vous demander quand milord?

— Aujourd'hui… Vous pouvez nous jouer quelque chose, Miss Erlina, faites-nous plaisir…

Elle ne put cacher son bonheur. Elle n'avait jamais vu ce piano. Elle ne se souvenait pas avoir dit qu'elle savait en jouer…

Puis, elle se souvint que son oncle l'avait mentionné. Elle s'installa et fit courir ses doigts sur les touches d'ivoire en soupirant. Elle joua tous les morceaux qu'elle connaissait par cœur, oubliant complètement son entourage.

William s'était assis tout près et ne put détacher ses yeux d'elle ne serait ce qu'un instant, véritablement subjugué. L'intérêt du Laird pour sa pupille n'échappa pas à Lady Campbell et elle se tourna vers sa fille afin de voir sa réaction. Mais Charlotte était assise près de Thomas Buchanan et semblait en grande conversation avec lui. Quand Erlina eut épuisé son répertoire, elle prit congé et monta à sa chambre. Elle se sentait calme et revigorée, la musique lui ayant fait le plus grand bien.

Les invités prirent congé les uns après les autres excepté Lionel qui resta avec William. Ils prirent un verre de whisky et discutèrent.

— Je dois dire que je suis un peu surpris de tes méthodes… Habituellement, quand on courtise une femme, on lui offre des bijoux… Toi, tu lui offres un cheval et un piano…

— As-tu vu un joaillier dans les environs? railla William. Erlina est épris de liberté et elle est très indépendante… J'étais certain qu'un cheval lui plairait plus que des bijoux. D'ailleurs, elle a

112

dit que la pouliche était plus belle qu'une rivière de diamants et elle l'a appelé Jewel…

— Oui, j'avoue qu'elle est différente des autres femmes… Parlant de joyaux, j'ai peut-être certains trucs qui pourraient t'intéresser…

Il parla à son serviteur qui revint avec une cassette remplie de bijoux de toutes sortes.

— Tu n'as pas changé mon ami, même si tu es maintenant un noble, tu es resté un marchand dans l'âme…

— Je suis tombé sur une vente de succession et j'ai seulement pensé t'en faire profiter…

— De succession hein… dit William, septique.

— En tout cas, c'est ce qu'on m'a dit…

1745

Erlina était installée sur un coussiège de l'embrasure d'une fenêtre dans le couloir du deuxième étage, Innes à ses côtés. Elles observaient les hommes s'entraîner au combat. On était à la fin du mois de mai, le soleil et la chaleur inondaient la cour du château. Les hommes s'activaient avec vigueur, ils se battaient vêtus seulement de leur kilt. William et Craig étaient en train de se livrer un combat captivant. Craig était mince et agile tandis que William était grand et fort. Quand il frappait Craig, ce dernier pliait sous la force de l'impact. Leurs corps luisaient de sueur et ils offraient, sans le savoir, un excitant spectacle aux deux jeunes femmes qui gloussaient de partisanerie.

Soudain, Innes lui fit signe de se taire. Elles entendaient des voix dans le couloir. Il s'agissait de Miss Charlotte et de sa servante.

— Cette pauvre fille est une gourgandine. Le Laird prend son plaisir avec elle c'est pourquoi il n'a pas besoin d'une épouse... De cette façon, il reste libre de ses actes et quand il sera fatigué d'elle, il la remplacera par une autre... disait la servante.

— Je n'en reviens pas d'avoir mangé à la même table qu'elle... Il a vraiment du culot, de lui permettre de se joindre à nous, je ne comprends pas comment Lady Morgane peut accepter cela sous son nez... disait Charlotte d'un ton dégouté.

Elles passèrent leur chemin sans voir Erlina et Innes cachées derrière les tentures de la fenêtre. Quand elles furent hors de portée, Erlina sortit précipitamment de sa cachette. Elle était hors d'elle, l'insulte l'avait atteinte au plus profond de sa fierté.

— Oh non! N'allez pas croire ces ragots! cria Innes en se lançant sur ses talons.

Innes était inquiète de la voir au bord des larmes. Elle aurait voulu la protéger, l'empêcher d'écouter ces deux petites sottes... Erlina partit en trombe, Innes ne put la retenir. Elle dégringola les escaliers, sortit dans la cour et se dirigea vers son cheval à l'écurie. Jewel était dans son box, elle ouvrit la porte et en s'appuyant sur la clôture, elle grimpa à califourchon prenant soin de replacer sa robe sur le dos du cheval. Elle sortit de l'écurie et partit au galop à l'extérieur de l'enceinte du château. Keith n'avait pas fait un geste pour l'en empêcher, trop surpris de la voir sauter sur le dos nu du cheval et d'avoir aperçu ses jambes... William arriva en courant.

— Où va-t-elle? lui cria-t-il.

Keith haussa les épaules en levant les sourcils. William sortit Sian et l'enfourcha à toute vitesse. Il partit à la suite de la dame.

William la suivit de loin et la vit prendre la direction du loch. Il ralentit son cheval et enfila simplement sa chemise, car le vent lui fouettait la peau. Il fronça les sourcils de dépit. Elle fuyait, il en était certain. Encore heureux qu'il ait été sur place... Il allait leur donner ordre de la suivre, et ce, chaque fois. Elle était totalement imprévisible et ne semblait pas avoir conscience du danger... Elle ne pouvait pas se promener seule. Elle allait devoir respecter les consignes de sécurité, sinon elle ne pourrait pas prendre Jewel sans sa permission ou encore mieux, sans être en sa compagnie... Puis, il se ravisa, inutile de la provoquer, mieux valait essayer de lui faire entendre raison doucement... Elle était assise sur son rocher. Il s'approcha lentement et fut surpris de la voir sangloter.

— Nina?

Elle ne se retourna pas, il l'entendit renifler bruyamment. Il s'approcha tout près. Il ne pouvait pas aller sur le rocher, car elle l'occupait entièrement. Il resta sur la berge tout près.

— Nina, qu'y a-t-il?

Elle se tourna, lui jeta un rapide coup d'œil puis fixa le loch obstinément. Il s'assit sur un autre rocher tout près, lui signifiant ainsi qu'il resterait et attendrait le temps nécessaire. Elle avait retiré une chaussure et trempait son pied gauche dans l'eau. Il voyait sa jambe nue et sa cheville. Elle avait la peau blanche comme de la crème. Ses longs cheveux lui cachaient le visage, il ne pouvait voir son expression. Il se racla la gorge et attendit. Au bout de quelques minutes, elle finit par se calmer.

— Je ne peux plus rester ici... Je dois partir...

— Pourquoi?

— Ce n'est pas bien pour moi, pour toi non plus...

— Qu'est-ce que tu racontes?

Elle hésita, ne sachant pas comment lui dire.

— Que s'est-il passé? Pourquoi es-tu si bouleversée? Nina, je t'en prie, raconte-moi...

— Je, je, elle retint d'autres sanglots.

Elle glissa sur le rocher et mouilla son autre pied qui n'était pas déchaussé.

— Viens ici, ne reste pas sur ce rocher...

— Je ne peux plus bouger, je me suis tordu la cheville, elle est enflée.   C'est pourquoi je l'ai mise dans l'eau froide... En descendant de mon cheval, ma robe m'a joué un tour et je suis tombée...

— Quelle idée de chevaucher à nu!

Il sourit en la revoyant sortir de l'écurie à califourchon avec sa longue robe. Il n'y avait qu'elle pour faire une chose pareille! Il marcha dans le lac et alla la prendre dans ses bras. Elle passa ses bras autour de son cou, n'ayant pas d'autre choix. Elle nicha son nez dans son cou, soudain honteuse. Il alla la déposer sous le saule, au même endroit où ils s'étaient attardés la veille. Il toucha doucement sa cheville pour évaluer les dégâts, rien de bien sérieux. Sa chemise était entrouverte et Erlina pouvait voir les muscles puissants de son torse et sa douce toison brune, elle déglutit. Elle devait le repousser et partir.

— Nina, ma douce… dis-moi ce qu'il y a, je t'en prie…

— Ils croient que je suis une fille de joie, que je suis ta maîtresse et que c'est pourquoi tu ne veux pas te marier.   Que lorsque tu te lasseras de moi, je devrai partir et tu en prendras une autre dans ton lit.

Elle avait dit cela rapidement, sans le regarder.

— Je vois… gronda-t-il. C'est Lady Campbell qui a dit ça?

— Miss Charlotte et sa servante. Elle a même dit que c'était odieux que j'aie partagé la même table qu'elle…

Elle leva le nez, piquée au vif.

— Je n'ai pas de titre de noblesse, mais je suis tout de même de descendance noble…

— Je n'ai aucun titre et Miss Charlotte non plus. Et pour ta gouverne, elle n'est pas de descendance noble non plus. Nina, ma chérie, il est vrai que je ne veux aucune femme autre que toi!

Elle l'observa d'un air dubitatif.

— Je suis amoureux de toi depuis le premier jour où je t'ai vue au marché de Drymen avec ton oncle. Depuis ce jour, tu hantes mes pensées... et mes nuits depuis quelque temps...

Il mit un genou par terre et lui prit la main droite. Il baisa sa main tendrement et la regarda droit dans les yeux.

— Erlina O'Neil, veux-tu être ma femme?

Elle ne put retenir ses larmes.

— Tu ne peux pas partir et je serais incapable de te laisser me quitter... J'ai besoin de toi. Accepte de m'épouser et je serai le plus heureux des hommes. Mettons fin à tous ces ragots et faisons ce que tout le monde au château espère nous voir faire...

— Oh William! Je t'aime moi aussi...

Il la serra doucement dans ses bras et lui dit en souriant tout contre ses lèvres :

— C'est un oui?

— Oui! Oui! Oui! dit-elle en ponctuant ses affirmations de baisers scandés. Mais, il va te falloir aller demander ma main à mon oncle… dit-elle malicieusement.

Elle aurait gain de cause…

— Oui ma chérie, nous irons…

Il sentit son cœur s'envoler, elle venait de lui ouvrir le paradis. Ils s'embrassèrent passionnément. Il réussit à contenir son désir pour elle, ne voulant pas gâcher ce moment de félicité. Malgré l'allégresse qui remplissait son cœur, elle sentit le besoin de lui confier ses origines. William savait qu'elle était de bonne famille, son éducation en témoignait et il était évident qu'elle était habituée à avoir des serviteurs. Il s'était demandé d'ailleurs si elle n'avait pas un titre de noblesse caché dans ce passé qu'elle avait fui.

— Je ne t'ai jamais parlé de ma famille… Le père de ma mère s'appelait Henry O'Brien, c'était le fils cadet du Vicomte de Clare. À la mort du Vicomte, le titre passa à son frère ainé. Mon grand-père, Henry, a épousé Lady Cecilia Calvert, fille du Baron de Baltimore. Plusieurs enfants sont nés de cette union, dont ma mère et mon oncle, Alexander.

Elle prit une pause, puis le regarda droit dans les yeux.

— Mes parents ont fait un mariage d'amour... Mon père était médecin, fils d'un riche armateur qui possédait toute une flotte de navires marchands. Je n'ai pas connu beaucoup ce grand-père qui vivait principalement à Nantes en France. Quand il est décédé, je ne sais pas ce qui s'est produit, mais il semble qu'il était criblé de dettes et mon père n'a pas hérité de grande fortune... Je n'ai pas connu la misère, nous avions une belle grande maison avec des serviteurs et je menais une vie très confortable, avant sa mort il y a deux ans.

— Il y a quelque chose que je ne comprends pas... pourquoi n'es-tu pas mariée?

— Bien, en vérité, j'ai eu quelques prétendants... mais je trouvais toujours une raison pour les repousser... Il y a eu plusieurs gentilshommes et officiers, mais aucun ne m'intéressait... En fait, j'aurais voulu pouvoir étudier et devenir médecin... Mais cela est réservé aux hommes... Mon père et ma mère étaient des parents formidables... J'étais leur seule enfant et je pense qu'ils ne tenaient pas vraiment à me voir partir pour me marier avec un homme que je n'aimais pas.

— Pourquoi être venue en Écosse?

— À la mort de mon père, nous avons tout perdu. Les créanciers ont pris la demeure et tous nos biens. J'ai dû laisser toutes mes toilettes et les bijoux, *tout*. Je suis partie avec les vêtements que je portais... Ma mère a vécu cela très difficilement... nous nous sommes réfugiées chez les religieuses, mais nous ne pouvions pas rester là... J'ai regretté de ne pas avoir accepté de me marier, car ma mère aurait eu un toit... Mon oncle nous a trouvé une place dans la demeure du Baron de Kingsale. Ma mère était dame de compagnie pour Lady Kingsale et moi, j'étais leur gouvernante. Je faisais la classe aux filles du baron.   Pendant plus d'un an, nous y sommes restées, jusqu'au décès de la lady. La sœur de Lady Kingsale, Lady Ann, nous détestait. Elle était veuve et elle est venue « s'occuper » des filles du baron ainsi que du manoir. Elle insinuait constamment que je faisais du charme au pauvre Sir Thomas. Il a toujours été très distant avec moi et très respectueux. Je n'ai jamais fait de charme à qui que ce soit... Lady Ann insultait ma mère constamment et je n'en pouvais plus. Un jour qu'elle était allée trop loin, je suis intervenue et cela a causé notre perte. Deux jours plus tard, elle m'accusa d'avoir volé un collier de perles et nous nous sommes enfuies... Alexander nous a accueillies, mais il préparait son départ pour l'Écosse... Nous sommes donc embarquées sur le bateau pour Ayr avec lui. J'avais peur de finir en prison, lorsque je me suis rendue compte que le collier de perles était dans la poche de mon manteau... Je suis certaine que c'est elle qui l'a mis là... En tout cas, cela a payé notre voyage jusqu'ici. Ma mère est morte quelques jours après notre arrivée en Écosse. Elle était faible et elle a attrapé quelque chose... Je n'ai pas pu la sauver et le médecin n'a rien pu faire... Si j'avais pu aller en forêt chercher certaines plantes, j'aurais pu la soigner… Mais nous venions d'arriver et je ne connaissais rien de l'endroit où nous nous trouvions…

Il essuya ses larmes doucement et lui donna un tendre baiser.

— Je me trouve très chanceuse d'être passée par le Loch Lomond et de t'avoir rencontré…

— C'est moi qui suis chanceux de t'avoir vu sur la place à Drymen ce jour-là… Je devais aller à Killearn, heureusement que j'ai changé mes plans à la dernière minute… Le hasard fait bien les choses, quand je t'ai vu la première fois, j'étais sans voix tellement je te trouvais belle…

Ils rentrèrent au château tous les deux enlacés sur Sian, Jewel trottinant derrière eux. Il l'aida à descendre et annonça fièrement à ses hommes qu'elle avait accepté de l'épouser. Tous furent très heureux et Dame Morgane en fut littéralement enchantée. Elle les serra dans ses bras longuement. Lady Campbell et sa fille avaient quitté pendant l'absence du Laird.

Dame Morgane fut très éloquente en leur parlant à tous deux :

— Il est hors de question que vous partagiez la même couche avant le mariage… je vais voir si on peut faire célébrer ce mariage rapidement et…

— Nous allons faire le voyage jusqu'à Invergarry afin que je puisse demander sa main à son oncle, la coupa William.

— Non, vous devez le faire dès maintenant! Vous avez brûlé les étapes j'en ai bien peur… Avez-vous pensé à une possible grossesse? Vous ne pouvez pas attendre une journée de plus!

— D'accord… répondit William.

Évidemment, elle était au courant… Il n'avait pas retiré le drap accusateur ce fameux matin. Erlina fut surprise, elle avait innocemment cru que personne n'était au courant de leur nuit d'abandon… Ce soir-là, l'heure fut à la fête. William joua du violon et Erlina l'accompagna au piano. Lorsqu'elle décida de se retirer, William l'accompagna jusqu'au pied de l'escalier pour lui souhaiter une bonne nuit et l'embrasser tendrement. Il la regarda monter le cœur en extase. Au sommet de l'escalier, elle se tourna une dernière fois vers lui, le salua en souriant et baisa sa main pour lui envoyer un baiser. Il se tourna et vit Dame Morgane qui les surveillait.

— Ne t'en fais pas, chère tante, je vais attendre demain soir impatiemment…

— C'est bien ce qui me fait peur, ce « *impatiemment* », reprit-elle.

Il sourit et retourna au salon, Malcolm et Lionel l'attendaient ainsi qu'une bouteille de whisky bien entamée.

1745

Le révérend de l'Église protestante de Drymen accepta de venir rapidement au Château Buchanan, afin de célébrer le mariage du Laird. S'il fut surpris, il ne le montra pas. Erlina était catholique et elle devait se convertir au protestantisme. Elle ne fut pas heureuse de l'apprendre, mais Dame Morgane insista. La famille Buchanan était protestante depuis plus d'un siècle déjà. Elle était chrétienne et baptisée, cela ne posait aucun problème selon le Révérend. De toute façon, depuis qu'elle vivait au Château Buchanan, elle assistait à l'assemblée du dimanche. Devenir membre de l'Église protestante s'imposait. Elle pensa tristement à son oncle Alex, qui serait démoli par la nouvelle…

Tout le château était dans un état de transe, aux cuisines on préparait un véritable festin pendant qu'on décorait la chapelle et le château de fleurs et de guirlandes. Innes avait fait monter de l'eau chaude afin de remplir la grande baignoire. Elle aida Erlina à laver sa longue chevelure et surtout à la démêler, les bouclettes rendant la tâche ardue. Dame Morgane avait retrouvé une robe qui avait été confectionnée pour le mariage d'une de ses filles alors que cette dernière lui en avait préféré une autre. Elle avait besoin de quelques ajustements, mais elle serait parfaite. Elle était en brocart de soie ivoire avec une taille empire. Une multitude de boutons de nacre refermaient le dos jusqu'à la chute de ses reins. Le bas de la robe était fluide et les manches amples descendaient en pointe au-delà de ses poignets.

William lui fit parvenir un cadeau de mariage. Il s'agissait d'un collier de perles. Elle en fut ravie et le passa à son cou avec émotion. Quand elle se regarda dans le miroir, elle fut surprise. L'image qu'elle y voyait était surprenante; une belle jeune femme sur le point de se marier et impatiente de retrouver son bien-aimé. Car effectivement, à la pensée de retrouver William, son cœur palpitait...

On lui avait fait une coiffure haute maintenue en place par des peignes de nacre, mais des boucles folles tentaient de s'échapper. Elle tenta de replacer les peignes. Soudain, la porte s'ouvrit et Dame Morgane entra, elle venait la chercher. Elle prit son bouquet de fleurs blanches et la suivit. Elle sortit du château et marcha jusqu'à la chapelle au fond du jardin.

On la fit entrer et elle s'engagea dans l'allée sous la musique d'une cornemuse. Elle avançait tout doucement et ne voyait personne de l'assistance, ses yeux étant rivés sur lui. William habillé de son kilt de cérémonie l'attendait impatiemment. Le révérend leur posa les questions usuelles et ils répondirent de façon spontanée. William la regardait tendrement et elle ne pouvait cesser de lui sourire depuis son entrée dans la chapelle. Il lui prit la main et de son poignard lui fit une légère entaille, fit de même avec sa propre main et ils serrèrent leurs mains ensemble. On leur lia les mains avec un morceau du tartan des Buchanan, ils étaient maintenant mari et femme. Elle leva les yeux vers lui, il lui souriait et la regardait fiévreusement. Ils s'embrassèrent. Personne dans l'assistance ne put douter qu'il s'agissait là d'un mariage d'amour. Ils n'avaient jamais vu une mariée aussi souriante et un marié si empressé et si fier…

Un véritable festin fut servi dans la grande salle. Le Révérend avait accepté l'invitation et discutait avec Dame Morgane. Les invités étaient les principaux hommes du clan accompagnés de leurs épouses, évidemment Lionel de Boran et Thomas Buchanan étaient du lot. Finalement, ce mariage improvisé plut grandement à William, il était entouré des siens et rien de plus. Sans fioriture, aucun invité de marque, rien à voir avec son premier mariage. Il était très heureux de la tournure des évènements, quoi de mieux que sa famille pour fêter un évènement aussi heureux. Et que dire de sa nouvelle épouse…

Il la regarda avec adoration, elle était assise fièrement à ses côtés et passait son temps à lui jeter des regards en coin. Il lui tenait toujours la main, ne l'ayant pas lâchée depuis la chapelle, mangeant et buvant de sa main gauche. Elle lui sourit, il s'approcha d'elle en regardant ses lèvres, elle sentit son cœur battre plus vite.

— Nina ma chérie, je t'aime… lui dit-il contre son oreille de sa voix chaude et grave.

Elle crut défaillir. Elle déglutit péniblement, ne sachant pas comment dissimuler son trouble.   Il l'embrassa dans le cou tout près de son oreille.

— William, je t'en prie, cesse tout de suite! Ce n'est pas l'endroit… chuchota-t-elle.

Il embrassa délicatement son poignet en ne la quittant pas des yeux. À quel jeu jouait-il? Il la rendait complètement folle, elle n'avait qu'une envie, s'éclipser avec lui…

Quand enfin, ils montèrent à leurs appartements, les invités les saluèrent chaleureusement. La fête allait suivre son cours pour encore un moment. Dame Morgane ne put cacher sa joie.   Son

William allait enfin connaître le bonheur et leur donnerait une descendance… Elle l'aimait comme son fils et cette Erlina avait touché son cœur de vieille femme. Dès qu'elle l'avait aperçu sur la place principale à Drymen, elle avait su qu'elle ferait partie de leur vie… Il fallait voir la réaction de William quand il la vit pour la première fois, c'est comme s'il avait eu une apparition. Il s'était caché pour pouvoir l'observer à sa guise. C'est ce qui avait décidé Dame Morgane à inviter le prêtre et la jeune femme au Château Buchanan.   Elle était contente, certaine qu'ils connaîtraient un mariage heureux et prospère.

1745

Il la prit dans ses bras en haut des escaliers et parcourut le couloir avec un air de conquérant. De son pied, il poussa la porte de ses appartements et la déposa sur le sol pour refermer et mettre le loquet. Puis, il se tourna vers elle pour l'embrasser fiévreusement et la serrer tout contre lui. Elle répondit à son baiser avec fougue passant ses bras autour de son cou. Leur baiser fut si long et langoureux, que lorsqu'il la lâcha, elle était étourdie et dut reprendre son souffle. Il la reprit dans ses bras pour l'amener à leur couche nuptiale. La pièce avait été décorée de fleurs et un feu crépitait dans la cheminée. La chambre du Laird était tellement grande que l'immense lit à baldaquin garni de tentures de velours rouges semblait dérisoire.

Il la déposa sur le lit et se recula pour la regarder en souriant. Elle se releva aussitôt pour l'aider à se déshabiller. Elle avait goûté au plaisir une fois et avait hâte de connaître encore cette volupté toute nouvelle pour elle. Il fut surpris de son empressement et de son audace. Il la laissa faire avec plaisir. Elle lui retira sa chemise et caressa son torse velu de ses mains douces puis elle passa ses mains sur ses fesses. Il l'embrassa merveilleusement et elle fondit de désir. Il entreprit de déboutonner le dos de sa robe et lorsqu'elle tomba sur le sol, elle défit les peignes de nacre libérant ainsi sa lourde chevelure. Elle se retrouva nue dos à lui, mais n'eut pas le temps de se tourner que déjà, il emprisonnait ses seins de ses mains et se collait contre elle.

Son corps dégageait une chaleur enivrante. Elle sentait l'excitation qui devenait insoutenable entre ses cuisses et se tourna vers lui pour l'embrasser. Il la repoussa doucement sur le lit, elle tomba à la renverse prête à l'accueillir, attendant son grand corps chaud sur elle. Elle leva la tête surprise, il s'était agenouillé devant le lit. Il entreprit de lui caresser et lui embrasser les cuisses.

Elle sentit une fervente excitation monter en elle, mélange de surprise et de crainte. Délicatement, il approcha ses lèvres de son sexe frémissant qu'il embrassa doucement, d'une façon exquise. Lorsqu'elle sentit sa langue chaude sur sa partie intime, elle ne put retenir un cri. Il rapprocha son bassin de ses bras puissants et entreprit de la lécher et la suçoter jusqu'à ce qu'elle crie grâce. Elle haletait et ne pouvait s'empêcher de tenir sa tête de ses deux mains pour le retenir afin qu'il ne s'arrête pas. Le plaisir atteint son apogée et elle sentit des soubresauts dans son bas ventre, venant de son sexe. Elle cria, mais il ne cessa pas jusqu'à ce qu'elle émette de longs gémissements et qu'elle le supplie de la prendre. Car, malgré les orgasmes qu'il lui donnait, elle avait envie de plus. Elle voulait sentir sa virilité en elle, elle en avait *besoin*.

William se releva et contempla sa jeune épouse. Elle le regardait, les cheveux en bataille, les joues rosies de plaisir. Elle avait les yeux brillants de désir et le suppliait du regard. Il grimpa sur le lit et moula son corps au sien.

— William, je t'en prie, je n'en peux plus…

Il la fit taire d'un baiser puis la pénétra doucement. Elle gémit de plaisir et noua ses jambes autour de sa taille. Au bout d'un moment, elle mouvait son bassin pour aller à sa rencontre et lui plantait ses ongles dans les fesses le pressant d'accélérer. Ils jouirent tous les deux chacun leur tour et elle le retint sur elle un long moment, refusant qu'il se retire. Elle aima sentir sa virilité en elle. Quand enfin, elle relâcha son étreinte, il se coucha à ses côtés, la fixant tendrement.

— Je t'aime, lui dit-elle.

— Je t'aimerai toute ma vie, ma chérie, tu es si merveilleuse…

Il scella sa déclaration d'un doux baiser.

— Pour une jeune épouse sans expérience… tu es très… euh, il cherchait ses mots, ardente.

— Je ne pensais pas que ça pouvait se passer comme *ça*… dit-elle en baissant les yeux, gênée.

Il comprit ce à quoi elle faisait allusion. Il avait eu envie de la goûter et de la posséder complètement. Elle suscitait en lui des passions qu'il ne s'expliquait pas, ainsi que d'autres besoins inavouables…

— Tu es vraiment délicieuse, mon amour.

Elle rougit en baissant les yeux, elle avait aimé, même que le mot était insuffisant… Elle avait adoré sentir sa bouche chaude sur son sexe, mais elle ne l'avouerait jamais à qui que ce soit. Elle le regarda l'air embarrassé, il l'observait tranquillement, nullement intimidé.

— Est-ce qu'on peut recommencer? chuchota-t-elle.

— Maintenant?

Il sourit de toutes ses dents, la saisit dans ses bras et roula sur le dos pour la coucher sur son torse. Ils s'embrassèrent amoureusement. Il était un homme véritablement comblé et il remercia le ciel pour cette belle Irlandaise qu'on avait mise sur son chemin.

1745

Une semaine passa et Erlina n'était toujours pas redescendue de son nuage. Le lendemain du mariage, elle avait intégré les appartements du Laird. On lui avait alors attribué la chambre bleue de la lady, attenante à la chambre de William, et une femme de chambre personnelle, Innes Gibbon. Elle ne comprenait pas pourquoi on lui donnait une chambre. William rit de sa déconfiture. Elle lui fit comprendre qu'il était hors de question qu'elle dorme dans un autre lit, elle avait bien l'intention de passer *toutes* ses nuits avec lui. Il en fut très heureux.

Pour son vingtième anniversaire de naissance, le huitième jour de juin, il lui offrit un magnifique collier de saphirs. Ce soir-là, elle mit une robe bleue et William ne put détacher ses yeux de sa femme de toute la soirée.   Dame Morgane se demanda bien d'où provenaient ces bijoux : des perles et des saphirs… Elle ne les avait jamais vus auparavant. L'alliance qu'il lui avait offerte était l'anneau de mariage de sa mère, il s'agissait d'une tradition familiale. Pour sa jeune épouse, il ne semblait pas manquer de ressources et faisait preuve d'une générosité qu'elle ne put ignorer en ces temps difficiles… Elle n'osa pas lui en toucher un mot, son rôle ayant changé. Elle ne se permettait plus de donner son avis et de tenter d'influencer le Laird. Erlina était maintenant Lady Buchanan et devait prendre sa place et ainsi la gouvernance du château.

Tous les soirs, la nouvelle lady faisait monter de l'eau chaude pour remplir la baignoire. Les servantes ne comprenaient pas quel était ce soudain caprice, mais elles obtempérèrent sans commentaires. Elles affirmaient sans aucun doute qu'aucune lady dans tous les Highlands n'était aussi soignée. En vérité, Erlina voulait être fraîche pour quand son époux venait la rejoindre dans leur alcôve. Elle ne l'avouerait jamais, mais elle espérait secrètement à chaque fois, qu'il goûte son intimité et elle se tenait prête à l'accueillir selon son bon vouloir. Quand William finit par comprendre son petit manège, il en fut amusé et même ravi de voir à quel point elle était enhardie par leurs ébats amoureux.

Elle était fervente et passionnée au lit mais en même temps, noble et raffinée. Elle faisait preuve d'une candeur qui, parfois le faisait sourire; il se faisait alors un plaisir d'être son professeur. Il était incapable de la chasser de son esprit. Il ne pensait qu'à lui faire l'amour et dès qu'il s'approchait d'elle, il ne pouvait s'empêcher de la toucher. Il essayait tant bien que mal de cacher son désir et de rester maître de lui-même surtout en présence de Dame Morgane qui semblait parfois exaspérée de leurs échanges et de leurs soupirs.

William avait bien l'intention de tenir parole et d'amener Erlina à Invergarry afin de visiter son oncle et ce malgré les mises en garde de Morgane et de Malcolm. Son beau-frère Ranald lui avait parlé de l'ascension du mouvement Jacobite. Le fils du Laird de Glengarry, Alastair MacDonnell qui faisait partie du régiment français Jacobite, était parti en janvier avec une missive pour le jeune Prétendant Charles Stuart. Au dire de Ranald, il avait été fait prisonnier. Le jeune Prétendant, Bonnie Prince Charlie, comme on le surnommait, allait tenter de s'emparer de la couronne avec l'aide des Jacobites.

Le frère ainé de Ranald, John MacNab, faisait parti du Régiment Royal d'Écosse surnommé le Black Watch. Il avait pour mandat de surveiller les Highlands afin d'assurer l'ordre et réprimer la révolte. Le clan des MacNab du Loch Tay était fidèle au Roi George II. Morgane n'était pas d'accord avec ce voyage, elle croyait que William s'attirerait des problèmes en allant rendre visite au clan des MacDonnell de Glengarry alors qu'ils étaient Jacobites et très actifs dans cette funeste révolution qui se tramait depuis plus de cinquante ans. Surtout en ces temps incertains où une guerre s'annonçait… Erlina demanda des explications sur les Jacobites car elle n'avait aucune idée de ce dont ils discutaient. William se fit un devoir de lui faire une leçon d'histoire.

— Tu n'es pas sans savoir que le roi Jacques d'Angleterre, d'Irlande et d'Écosse a été détrôné par un coup d'État en 1688 par sa fille Marie et Guillaume d'Orange…

— Oui je suis au courant, en Irlande il y a eu des opposants. En 1690, il y a eu la bataille de la Boyne, mon grand-père maternel y a combattu. Il était officier dans l'armée de Jacques. Ils ont perdu la bataille puis le Roi et sa cour se sont exilés en France…

— Tu vois, il s'agissait de jacobites. Ici en Écosse, il y a eu plusieurs batailles depuis… et ce n'est pas terminé. Le roi Jacques est mort en 1701 mais plusieurs clans sont convaincus de pouvoir combattre l'armée du roi George et redonner le trône d'Écosse à son fils Jacques François Stuart. Charles Stuart, son petit-fils, jeune prétendant à la couronne, vit actuellement à la cour de France et il est l'espoir des Jacobites. Si les Français les soutiennent, ils pourraient gagner… Ton oncle Alexander est maintenant au cœur de tout ce bouillonnement et, nous savons que Charles va venir très bientôt. Nous les Buchanan, tentons de rester neutres, notre clan a toujours entretenu de bonnes relations avec les Campbell et le Duc d'Argyll… Pour le moment, nous restons sur nos gardes.

Il fit une pause et regarda sa tante, d'un air songeur.

— Par contre, mes sœurs se retrouvent mêlées au mouvement et ce, peut-être malgré elles. Margaret est mariée au Baronnet Sir Walter Menzie, ils sont neutres et ne prennent aucun parti, pour le moment... Isla est mariée avec Robert MacDonnell de Glengarry, le frère d'Alastair, celui-là même qui est parti en France apporter une missive à Charles Stuart...   Avec ce voyage, nous allons pouvoir les visiter et je suis heureux qu'elles puissent ainsi te rencontrer, l'occasion ne se représentera pas de sitôt...

1745

Invergarry était à plus d'une semaine de route. Par conséquent, une lady ne pouvant voyager à cheval et le carrosse ralentissant la cadence, ils mirent presque deux semaines à s'y rendre. William était accompagné de son fidèle ami Malcolm, de Craig, de John Gibbs et de Keith Buchanan, un jeune et fidèle parent qui avait William en adoration.

Erlina trouva le voyage long et pénible. Elle était confinée dans le carrosse avec sa servante Innes alors que William chevauchait librement à la tête du convoi. Elle le voyait pendant les courts arrêts et l'enviait secrètement de sa liberté. Elle avait voulu monter Jewel pour le voyage, mais son époux avait refusé catégoriquement. Dame Morgane s'était rangée de son côté. À leur deux, ils avaient réussi à la rendre obéissante. Morgane lui avait parlé des risques pour la grossesse s'il s'avérait qu'elle soit enceinte, et c'était la seule raison pour laquelle Erlina s'était inclinée.

Leur première halte fut à Callander. Il s'agissait d'un bourg situé sur les rives de la rivière Teith. Après une journée éreintante de chevauchée et de ballade en carrosse, ils s'y arrêtèrent pour la nuit. William loua des chambres dans une auberge. Certains des hommes dormiraient à l'extérieur ou à l'écurie, Malcolm veillerait sur les bêtes et leur chargement. Ils prirent un repas à la salle à manger de l'auberge puis montèrent à leur chambre. Le lit paraissait propre mais elle regretta le confort de leur couche.

Après une seconde journée de route, leur deuxième escale fut chez les MacNab du Loch Tay. Erlina apprécia beaucoup Kinnell House, la résidence des MacNab. Il s'agissait d'une grande maison en crépi blanc qui possédait deux étages. Elle lui rappelait la maison de son père en Irlande. William fut surpris quand elle lui en glissa un mot. Il eut ainsi la certitude qu'elle n'avait pas connu la misère, si son père possédait une telle propriété…

Laird Gilbert MacNab fut bienheureux de revoir William et il ne put cacher sa curiosité face à sa charmante nouvelle épouse. Erlina reconnut une alliée en Moira, la sœur de William. Cette dernière lui fit visiter le manoir et leur fit préparer une chambre. Moira était une jeune femme attachante qui parlait beaucoup et qui dégageait une véritable joie de vivre. Elle était très jolie avec ses longs cheveux noirs et ses yeux verts. Son contact fut des plus agréable. Elle semblait vraiment amoureuse de son mari et sa grossesse avancée la rendait tout simplement adorable. Erlina ne pouvait détacher son regard de son ventre, véritablement fascinée. Elle n'était pas habituée à côtoyer une femme enceinte et les bébés l'attiraient au plus haut point.

Moira avait une petite fille de quatre ans et un petit garçon d'un peu plus d'un an. La petite Mary la regardait de loin, elle était plus timide que son petit frère. Quand Erlina vit le petit Logan, un beau bébé blond, elle s'en amouracha sur le champ. William fut content de la voir en si bon terme avec Moira et il sourit quand il vit le petit garçon dans ses bras. Logan avait carrément adopté la nouvelle invitée et il ne la quitta pas d'une semelle. Erlina en fut enchantée. Par contre au souper, il resta dans les bras de son père.

Ranald ressemblait à un véritable guerrier avec sa chevelure noire, ses traits volontaires et sa stature imposante. Le voir ainsi, avec un bébé blond dans les bras, une fillette blonde à ses côtés et souriant tendrement à sa femme, cela lui donnait un air de douceur qui ne cadrait pas avec l'image qu'Erlina s'était faite de lui.

Malcolm dîna en leur compagnie et Erlina fut heureuse que tous les membres de leur escorte puissent dormir dans la maison. Elle se tourna vers William et lui sourit. Il ne la quittait pas des yeux et répondit tendrement à son sourire. Il prit sa main et embrassa l'intérieur de son poignet tendrement.

Erlina fut ravie de retrouver un lit digne de ce nom ainsi qu'un peu d'intimité. Ils firent l'amour silencieusement, car elle ne voulait pas qu'on puisse entendre ses gémissements. D'ordinaire dans leur alcôve, elle se laissait aller complètement et leurs ébats étaient alors très bruyants... William n'apprécia pas beaucoup de la voir se retenir, car il adorait par-dessus tout, ses cris et ses gémissements qui lui faisaient perdre la tête. Il dut bien se rendre à l'évidence : pour les quelques semaines de leur voyage, ils auraient peu d'intimité.

Ils reposaient côte à côte, leurs jambes entrelacées et il s'amusait à démêler ses belles boucles auburn. Elle se tourna vers lui et appuya son menton sur son torse. Il la regardait de ses beaux yeux turquoise que la flamme de la chandelle faisait miroiter.

— Mon oncle Alexander est un jacobite, j'en suis certaine... D'ailleurs, je le soupçonne maintenant d'avoir été au courant bien avant notre départ d'Irlande que les MacDonnell étaient des Jacobites... Tu te souviens que je t'ai dit que le père de ma mère avait combattu auprès du roi déchu Jacques? Alexander est un jacobite comme son père...

Il lui sourit et l'embrassa tendrement. Elle le regarda gravement.

— J'aimerais que tu me parles de Fiona... J'ai entendu des choses et j'aimerais que tu me racontes...

Il soupira.

— Mon père avait arrangé cette union avec l'oncle de Fiona, John Campbell le Duc d'Argyll, depuis de nombreuses années. Nous étions enfants à l'époque... Lorsque nous nous sommes mariés j'avais vingt ans et Fiona dix-neuf ans. Mon père est décédé quelques mois plus tard et je suis devenu Laird. Fiona est tombée enceinte rapidement après le mariage mais elle a fait une fausse couche. Elle était triste d'avoir perdu le bébé et voulait retomber enceinte le plus rapidement possible. Cela a pris plusieurs mois et elle l'a perdu encore. Elle désirait tellement un enfant, elle était devenue réellement obsédée. Elle retomba enceinte deux autres fois, même histoire. Elle était incapable de voir une femme enceinte, elle devenait jalouse et c'était devenu désagréable pour les femmes du clan. J'aurais voulu qu'elle oublie un peu son obsession et qu'on puisse vivre normalement. Après plus de deux ans de mariage, elle était enceinte pour une cinquième fois et cette fois-là semblait la bonne. Elle rendit le bébé à terme, nous étions très heureux et fébriles. L'accouchement fût très long et pénible. Je l'entendais crier et pleurer et je ne pouvais pas entrer... Nous avons eu un fils. Fiona était épuisée, mais tellement heureuse… Je n'oublierai jamais l'expression de son visage…

Il prit une pause et baissa les yeux. Elle lui caressa la joue doucement. Il la regarda les yeux brillants de larmes.

— Le bébé a vécu un mois, il est mort dans son sommeil… Fiona a fait une crise épouvantable et elle est restée dans sa chambre pendant des jours sans manger, elle pleurait constamment. J'ai tenté de la consoler, mais j'étais incapable de trouver les mots et elle me repoussait. Un matin, elle a disparu : j'ai chevauché comme un fou, je l'ai cherché partout ne sachant pas où elle s'était cachée… Malcolm a retrouvé son corps dans le Loch…

Il essuya ses larmes.

— William, mon amour… je suis tellement désolée…

— Ne le sois pas, c'est chose du passé maintenant.

Il la prit tendrement dans ses bras.

— Je ne veux pas que tu t'en fasses avec ma descendance… je t'ai épousé parce que je t'aime. Je ne voulais pas me remarier mais toi, tu m'as ensorcelé… J'ai fait le deuil d'avoir des enfants, ce n'est plus important pour moi… et malgré ce que Dame Morgane ou encore mes sœurs pourront te dire, je ne veux pas que tu ressentes de la pression ma chérie…

— Je comprends mais si nous avons des enfants, j'en serai très heureuse…

Elle l'embrassa hardiment et il l'aida à passer ses jambes de chaque côté de ses hanches. Ils s'embrassèrent encore plus passionnément et elle le chevaucha d'abord tout doucement. Elle sentit le plaisir monter en elle en accélérant la cadence. Il la contempla dans toute sa magnificence sa superbe poitrine bougeant au rythme de ses ardeurs. Elle releva la tête pour le regarder en souriant. Il lui prit les hanches et arqua le dos pour la pénétrer encore plus profondément. Elle ne put retenir un petit cri qui le fit grogner de plaisir. Il embrassa ses seins pendant qu'elle jouissait et qu'elle l'inondait de son essence. Il jouit alors à son tour d'un sublime orgasme qui le laissa pantois. Elle s'affaissa sur lui. Il lui caressait le dos et embrassait ses cheveux. Il avait trouvé son paradis sur terre en cette merveilleuse créature.

Château de Weem dans le comté de Perthshire, Écosse

Mars 2012

Nina n'avait pu cacher son excitation lorsqu'ils avaient reçu l'invitation, un mariage dans un véritable château écossais! Il s'agissait d'une cousine de Jerry, Maggie qui allait épouser Alan Menzie. Le mariage serait célébré au château des Menzie à Weem. Elle trouvait l'idée tellement romantique, l'Écosse regorgeait de châteaux, elle en avait visités quelques-uns, mais celui de Weem, jamais.

Elle fut quelque peu surprise lors de leur arrivée. Elle avait imaginé un tout autre style, mais l'architecture restait surprenante. Le château de Weem possédait nombre de tourelles, mais elles semblaient suspendues aux extrémités de l'édifice et il était orné de nombreuses lucarnes. Pour l'occasion, tous les hommes portaient le kilt. Elle fut heureuse de revoir Jerry en tel apparat, et cela la fit sourire indubitablement. Malheureusement, la journée était pluvieuse. Elle aurait aimé explorer l'extérieur du château. Ils purent tout de même profiter d'une petite visite guidée des étages supérieurs. En fin de soirée, Andrew, le frère ainé du marié, prit une heure pour faire la visite des lieux à un petit groupe de privilégiés. Le Château de Weem appartenait à la famille Menzie depuis plus de 400 ans et il avait été restauré en 1957.

— Le château est réputé hanté, racontait Andrew en montant l'escalier. Sur le palier, il prit une pause et continua son exposé. Il y a trois sorcières qui hantent le caveau à viande, il y a aussi le fantôme d'une lady dans le salon rose et il y a une chambre qui présente de l'activité paranormale... Il y a eu un tournage d'une émission de chasseur de fantôme l'an dernier. Ils ont enregistré avec tous leurs appareils, une lueur qui circulait dans la chambre avec une baisse importante de température.

Ils marchèrent dans le couloir et purent entrer dans bon nombre de pièces. Ils atteignirent le bout de l'aile et visitèrent la dernière chambre.

— Dans cette chambre, depuis des siècles, on rapporte des bruits de pas et des murmures de voix qui semblent venir des murs mais de mémoire, nous n'en avons jamais entendus... Ce ne sont que des histoires d'un temps ancien...

Jerry s'était approché de la cheminée et semblait chercher quelque chose avec ses mains. Soudain, une partie du mur sur le côté droit de la cheminée s'ouvrit laissant voir un passage poussiéreux qui donnait sur un escalier.

— Voilà d'où provenaient les bruits de pas! dit Jerry, triomphant.

— Comment as-tu fait? demanda Andrew incrédule en s'approchant du passage.

— J'ai actionné un mécanisme en appuyant ici…

— Comment savais-tu cela? C'est incroyable! Cela est toute une découverte qui pourrait expliquer certaines histoires... Je n'en reviens tout simplement pas! Il faut que je mette mon père au courant et nous avons besoin d'une lampe de poche, dit-il en sortant rapidement de la pièce.

Nina interrogea son époux du regard, il lui sourit en haussant les épaules. En fait, il était incapable d'expliquer ce qu'il avait fait. Sa découverte enchanta les Menzie, ils les invitèrent à revenir au château. Comment Jerry avait su pour le passage secret restait un mystère. Sur le chemin du retour ce soir-là, les pensées de Nina furent tournées vers le journal de Lady Erlina. Cette dernière parlait d'une visite au Château des Menzie à Weem, William et elle y avaient séjournés à plus d'une reprise. Se pouvait-il que Jerry se soit *souvenu* de ce passage secret?

— Comment as-tu su pour le mécanisme? lui demanda-t-elle une fois dans la voiture.

— Je n'en sais rien... J'imagine que j'ai déjà lu cela quelque part...

— Tu es une véritable tête de mule! C'est un souvenir, voilà tout! Tu sais très bien que William et Erlina ont visité les Menzie plus d'une fois...

— Il me semble bien que dans le film *Ange ou démon*, il y a un passage secret qui s'ouvre derrière une cheminée.

Nina sourit en secouant la tête, non! mais quel sceptique... Jerry, quant à lui, jubilait intérieurement. Il lui tardait de retourner à la maison afin de se remettre à l'écriture. Le passage du Laird Buchanan et de sa Lady au château de Weem s'avérerait des plus intéressants...

1745

Le lendemain, ils poursuivirent leur chemin jusqu'à Weem en longeant le Loch Tay. Erlina admira le paysage : le Loch d'un côté et la forêt de l'autre, c'était tout simplement superbe. Ils arrivèrent en fin de journée au château des Menzie. Margaret la sœur ainée de William avait épousé le Baronnet Sir Walter Menzie, plus de quinze ans auparavant.

Le château des Menzie possédait nombre de tourelles, comprenait cinq étages et était orné de nombreuses lucarnes. L'architecture était très différente du Château Buchanan. Pas de cour intérieure ni grille alors que les tourelles semblaient suspendues aux extrémités du manoir. Erlina préférait le château de William qui offrait une plus grande sécurité contre les envahisseurs. Le château des Menzie était situé dans un champ au pied d'une colline et n'offrait aucune protection contre les attaques.

Ils furent reçus chaleureusement par Lady Margaret qui n'avait pas revu son jeune frère depuis plus d'un an. Si elle fut étonnée par sa nouvelle épouse, elle ne le montra pas. Sir Walter était absent, il était en voyage à Édimbourg. Lady Margaret les fit accompagner à leur chambre et Erlina fut contente d'aller se rafraîchir et se changer avant le dîner. Elle refusa l'aide de sa servante Innes, elle préférait avoir son mari avec elle... William ne put s'empêcher de passer ses mains sous sa robe et elle ne put lui résister.   Rapidement, ils prirent leur plaisir sur le rebord du lit sans qu'il ait besoin de se déshabiller. Elle enfila une belle toilette, William l'aida à l'attacher et ils descendirent heureux et sereins. Lady Margaret les attendait au salon, elle prit des nouvelles de tout le clan Buchanan, Malcolm vint les rejoindre. Margaret connaissait très bien Malcolm et fut heureuse de sa présence. Par contre, elle fut grandement surprise de la raison de leur venue.

— Pourquoi voulez-vous aller à Invergarry? Je sais que notre sœur Isla y demeure, mais n'est-ce pas un peu risqué? D'autant plus que les Buchanan sont toujours restés neutres... Il se trame des choses par là-bas ces temps-ci... Walter maintient sa position et nous ne prenons parti ni d'un côté ni de l'autre... Il va y avoir une guerre, très bientôt...

— L'oncle d'Erlina, Alexander O'Brien est prêtre à Invergarry. Normalement, j'aurais dû lui demander la main d'Erlina puisqu'il est maintenant sa seule famille, mais nous avons dû devancer le mariage...

— Sage décision, car voyager avec une célibataire n'est pas une bonne idée. Votre oncle est un prêtre *catholique*? Elle sembla insister sur ce dernier mot.

Nina sentit qu'elle devait des explications, car elle sentait le mépris de Margareth.

— Oui, Alexander O'Brien est le frère de ma défunte mère. Il est le petit-fils de Thomas O'Brien Vicomte de Clare qui combattit auprès du roi déchu Jacques à la bataille de la Boyne. Durant cette bataille, le Vicomte décéda et le titre passa à son fils ainé qui s'exila en France suite à la défaite. Son second fils Henry O'Brien épousa Lady Cecilia Calvert fille du Baron de Baltimore et ils eurent plusieurs enfants, dont ma mère Eileen et mon oncle Alexander. Je soupçonne mon oncle d'être un jacobite et de ne jamais m'en avoir parlé...

— Je vois... Et votre père?

— Mon père, Dr Oliver O'Neil était un médecin respecté, il était le fils d'un riche armateur qui possédait une flotte de navires marchands. Mon grand-père vivait principalement à Nantes, je n'ai jamais connu sa femme qui est décédée bien avant ma naissance.

— Votre grand-père a participé au mouvement Jacobite... Il y avait, il me semble un armateur irlandais nommé O'Neil qui a aidé les Stuart...

— Il se peut bien, je n'en ai aucune idée...

William se dit que sa jeune épouse était loin d'être neutre, quand on connaissait l'histoire de sa famille... Heureusement, elle semblait indifférente à toute cette histoire. Il voulait maintenir la neutralité de son père dans toute cette histoire afin de protéger ses terres et ses gens. De plus, il le devait à la famille de Fiona et aux MacNab... Personnellement, il ne s'était jamais permis d'avoir une opinion, mais secrètement son cœur balançait plutôt du côté des Jacobites. Il n'aimait pas ce roi allemand qui parlait à peine l'anglais...

Ils dinèrent dans la somptueuse salle à manger, les murs étaient bleus avec des poutres et des corniches ornées de dorures. Les chaises étaient recouvertes de velours bleus et la nappe semblait brodée avec des fils d'or. Tout ce faste n'intimida pas Erlina pour autant. Elle observait sa belle-sœur. Elle était l'aînée et devait être âgée d'environ quarante ans, elle était jolie avec ses yeux bleus et ses traits familiers. Erlina voyait quelques ressemblances avec

William, mais curieusement, elle n'en voyait aucune avec Moira. En fait, elle ressemblait surtout à Morgane.

L'intendant du château, Callum Dewere vint se joindre à eux pour le dîner. Il s'agissait d'un bel homme, doux et peu bavard. Il parla peu, mais ses interventions étaient très justes et pertinentes. William le connaissait bien et ils discutèrent de chasse, un sujet qui passionnait Malcolm assurément, Erlina ne l'ayant jamais vu si volubile.

Quand ils montèrent à leur chambre, tout au bout d'un couloir au troisième étage, Erlina réalisa que les chambres voisines étaient toutes inoccupées. En ouvrant la porte, elle fut surprise et oh! combien heureuse. Une baignoire de cuivre remplie d'eau chaude les attendait. Soudain, la Baronne lui parut plus sympathique.

— Oh! Merveilleux! Je suis tellement contente, dit-elle en regardant le savon parfumé. L'eau est un peu trop chaude…

— Laissons-la refroidir un peu…

Elle sentit les mains de William sur sa poitrine et ses baisers dans son cou. Elle ne serait pas seule dans sa baignoire… À son grand bonheur d'ailleurs. Elle se tourna vers lui et l'embrassa à pleine bouche pendant qu'il retirait ses vêtements à toute vitesse, il l'aida ensuite à retirer sa belle robe. Elle se retrouva nue devant lui et il la fixait de son regard de braise. Elle s'avança vers lui en touchant son torse puis elle saisit sa virilité qui pointait vers elle. Ils firent l'amour passionnément sur le lit.

Quel délice de se prélasser dans une baignoire. Elle était appuyée contre son torse, l'eau recouvrait leur corps, ses seins flottants et ses mamelons sortant de l'eau. William s'amusait à les caresser tout doucement. Ils entendirent des pas dans le couloir tout près puis une porte claquer. Erlina fut un peu surprise.

— Je pensais que nous étions les seuls dans cette aile...

— Peut-être... Tu sais que le château est réputé pour avoir quelques fantômes... Trois femmes dans le caveau à viande, à ce qu'il paraît... Et il y aurait le fantôme d'une Lady dans le salon rose et plusieurs histoires de bruits de pas, de voix d'enfant dans les murs...

Elle frissonna.

— Ne crois pas toutes ces histoires... Lorsque Margaret a épousé Walter, j'avais à peine neuf ans et avec Moira on s'est amusé à chercher des passages secrets et je peux te dire que les bruits de pas et les voix d'enfants, c'était nous! Je vais te montrer, il y a un mécanisme dans la cheminée... Cela actionne un levier et le mur s'ouvre afin de nous permettre de faire le tour de la cheminée. Il y a des escaliers qui montent ou qui descendent. Il n'y en a pas partout, mais certaines cheminées en sont munies… Peut-être était-ce pour les ramoneurs, je n'en sais rien. En tout cas, personne ne semble au courant et nous n'en avons jamais parlé par peur de nous faire gronder… Nous avons espionné souvent les adultes et nous avons vu bien des choses…

Ils sortirent de la baignoire et enfilèrent quelques vêtements avant d'aller explorer. Erlina était curieuse. William trouva le mécanisme et l'actionna, une porte s'ouvrit à côté de la cheminée. Elle lui fit un grand sourire, ils prirent chacun un chandelier et elle le suivit fébrile. Le passage était large et poussiéreux. Ils descendirent, car l'escalier qui montait ne paraissait pas sécuritaire. Quelques marches semblaient sur le point de céder. Au niveau inférieur, ils trouvèrent une chaise. Quelqu'un était venu s'y asseoir récemment… Erlina s'approcha du mur, on entendait des gémissements en sourdines. Il y avait deux petites ouvertures dans le mur et elle y risqua un œil. Ce qu'elle vit la laissa sans voix.

Lady Margaret se tenait nue, à genou devant Callum Dewere. Elle tenait dans ses mains le membre viril en érection de Callum et le léchait en levant les yeux vers lui. Il émettait des sons rauques en rejetant sa tête vers l'arrière. Elle le lécha puis le prit dans sa bouche en faisant un lent mouvement de va-et-vient. Le sexe de l'homme était énorme. Erlina recula de surprise. William se doutait bien d'où provenait ces gémissements et il jeta un œil. Il observa Erlina qui avait le feu aux joues. Il retourna vers les escaliers en attendant sa douce, mais comme elle ne venait pas il la chercha du regard. Elle était restée là, fascinée. Elle était incapable de cesser de regarder les deux amants. La femme s'était retournée et s'était penchée pour offrir son postérieur à son partenaire qui avait enduit son membre d'huile et le pénétra doucement. Erlina réprima un petit cri de stupeur en mettant la main sur sa bouche. William était revenu et risqua un œil pour voir ce qui l'avait choquée puis lui prit le bras pour l'entrainer silencieusement.

Ils remontèrent à leur chambre. Erlina était honteuse, elle se sentait comme si elle avait commis un outrage. Elle chercha des ouvertures dans le mur de leur chambre, mais heureusement, elle ne trouva rien. Ils entrèrent et William referma la porte secrète.

— Ça va ma chérie? demanda-t-il inquiet.

— Oui, oui… répondit-elle distraitement.

— Nina chérie, regarde-moi.

Il prit son visage entre ses mains.

—Ne t'en fais pas avec ça… Ma sœur et lui sont amants depuis des années… Ce n'est plus un secret. Walter a plusieurs maîtresses et il sait ce qui se passe depuis le début... Callum et elle sont amants depuis plus de dix ans...

— Pourquoi est-ce qu'ils n'avaient aucun poil sur leur...

— Parce qu'ils doivent se raser.

Elle le regardait incertaine. Il l'avait pénétrée dans l'anus, elle se crispa inconsciemment.

— Certaines personnes ont des pratiques sexuelles différentes...

Il ne savait pas quels mots employés, il ne voulait pas qu'elle ait peur et voulait la rassurer.

— La sodomie est une pratique peu courante... Certains hommes aiment pratiquer ce genre de sexe et des femmes s'y adonnent aussi, il n'y a aucun risque de grossesse...

— As-tu déjà...?

— Non. Et je ne te demanderai jamais de faire des choses que tu ne veux pas mon amour...

Il l'embrassa doucement. Elle lui sourit, en se disant qu'elle aimerait bien le faire gémir de plaisir, lui donner des jouissances comme elle aimait qu'il lui fasse avec sa bouche gourmande. La vision de la femme à genou lui donna quelques idées... Elle le lui dit à l'oreille et il rit doucement.

— Tu es vraiment une coquine...

Los Angeles, États-Unis

Avril 2012

Ils étaient de retour à Los Angeles pour quelques mois, Jerry travaillait sur la postproduction du film « Le cœur au ventre ». Un travail exigeant qui requérait sa présence au studio de montage durant de longues heures. Nina n'avait pas le temps de s'ennuyer, elle partageait son temps entre leur maison dans les collines hollywoodiennes et la villa de Carrie et Ethan. Carrie et elle s'étaient retrouvées et partageaient tout : elles cuisinaient, faisaient les boutiques et passaient tout leur temps libre ensemble avec leurs enfants. Ethan étant en tournage en Israël, Carrie était bien heureuse d'avoir Nina, l'absence de son mari devenait moins pénible.

Jerry retrouvait son monde et il adorait son travail. Il aimait le soleil et le rythme trépidant de la vie hollywoodienne. Il œuvrait à convaincre Nina d'envisager de demeurer en Californie et de rentrer en Écosse seulement pour les vacances. Ils étaient à Los Angeles depuis un mois et ils avaient eu plusieurs discussions à ce sujet. Nina se laissa facilement convaincre malgré le fait qu'elle avait enfin obtenu sa licence pour pratiquer la médecine en Écosse...

Les jumeaux faisaient leur sieste de l'après-midi lorsque Carrie débarqua à l'improviste. Elle actionna les grilles et partit à sa rencontre dans le hall d'entrée. Elles s'embrassèrent chaleureusement.

— Comment gères-tu la nouvelle? lui demanda Carrie avec inquiétude.

— Mais de quoi parles-tu? dit Nina avec surprise.

— Oh... tu n'es pas au courant.

— Quoi?

— John Myers a écrit une autobiographie...

— Oh! mon Dieu... fit Nina.

Elle alla s'asseoir sur un tabouret dans la cuisine. Carrie la suivit.

— Tu as vu ça dans les journaux?

— Non, à la télévision.

Elle sortit son portable et elle tapa John Myers dans le moteur de recherche. John Myers avait un site internet qui présentait son livre autobiographique : « Ma vie chez les rebelles ». Nina lut rapidement le contenu du site et ressentit une vive oppression dans la poitrine. John Myers y affirmait avoir été floué par son ex-femme. Avant son kidnapping en Colombie, il était un homme riche et lors de son retour de l'enfer en 2010, il n'avait plus rien. Le téléphone sonna et elle vit Carrie répondre puis lui tendre l'appareil. C'était Jerry.

— Tu as su la nouvelle?

— Oui, répondit-elle la gorge sèche.

— Le salaud! Mon avocat vient de m'appeler pour m'aviser que John Myers nous intente une poursuite de dix millions de dollars.

— Oh, Jerry, je suis désolée, dit-elle d'un air effaré. C'est vrai que j'ai dépensé tous ses millions pour construire l'Hôpital de l'Espoir et les cliniques…

— Ne t'en fais pas *muirnin*, je suis certain que l'on va pouvoir s'entendre sur un montant et éviter un procès… Il est clair qu'il s'agit d'un coup de publicité!

Seattle, États-Unis

Avril 2012

Nina jeta un regard impressionné sur la majestueuse baie vitrée qui ceinturait le bureau de Henry Myers, le père de John. La vue sur l'océan Pacifique était sublime. De toute évidence, les Myers étaient très riches. Elle ne comprenait pas pourquoi John avait intenté une telle poursuite, par esprit de vengeance? Ses pensées furent interrompues par l'arrivée de John qui leur serra la main froidement. Il évitait son regard. Ils s'assirent tous les cinq, John, son père, Jerry, leur avocat et elle-même. Jerry lui serra la main tendrement, elle leva les yeux vers lui et il lui fit un clin d'œil. Elle se détendit.

Le père de John prit la parole rapidement.

— Lors de la succession et la liquidation des biens suite à la disparition de John, madame Buchanan a reçu cinq millions six cent cinquante et un mille dollars. Nous avons calculé un montant compensatoire de dix millions de dollars comprenant les dommages et intérêts.

— Il s'agit tout de même du double, objecta leur avocat.

— En compensation de tous les désagréments, John est en droit de recevoir cette somme, reprit Henry Myers. Car aujourd'hui il ne possède plus rien, Madame Buchanan ayant tout vendu et dépensé.

— Ils étaient mariés, la moitié de la somme lui appartenait de plein droit, reprit l'avocat.

— Je vous arrête tout de suite. Un contrat de mariage avait été signé, car Virginia Grace ne possédait rien lorsqu'elle épousa mon fils, fit-il d'un air dédaigneux.

Jerry se redressa sur sa chaise, mais Nina le retint en déposant sa main sur son bras.

— Il a raison, affirma-t-elle.

Elle regarda John, mais il fixait la main de Nina sur le bras de Jerry avant de lever les yeux vers elle d'un air indifférent.

— Nous pouvons nous entendre sur un montant compensatoire, dit Jerry en se calant dans son fauteuil.

— Que proposez-vous? demanda Henry.

— Cinq millions de dollars et des excuses publiques envers ma femme, affirma Jerry.

— Vous êtes exigeants, reprit Henry Myers, dois-je vous rappeler que vous n'êtes pas en position de force?

— Six millions et des excuses publiques! Nina n'a pas dépensé cet argent en frivolités, elle a construit un hôpital et elle l'a fait fonctionner pendant plus de dix ans. Je me permets de vous dire que votre fils n'aurait pas pu mieux dépenser son argent! affirma encore Jerry.

— C'est d'accord, dit John en se levant.

Son père se tourna vers lui, l'air ahuri.

— Cet entretien est terminé, dit John avant de quitter sans un regard pour Nina.

Interdite, elle l'observa quitter la pièce sans un mot, certaine que cette histoire d'argent était une idée de son père. Ils sortirent rapidement et Jerry poussa un soupir de soulagement lorsque les portes de l'ascenseur se refermèrent sur eux.

— J'espère qu'il va tenir parole, il faut qu'il retire ses accusations publiques, dit Nina. Ce n'est pas bon pour la promotion de ton film…

— Ne t'en fait pas, au contraire cela a déjà attiré l'attention sur nous. Qu'on en parle en bien ou en mal, cela aura un impact positif sur les ventes, affirma Jerry en l'enlaçant tendrement. Je veux qu'il s'excuse, car tu n'as pas à subir toute cette pression des médias et surtout tu ne mérites pas cela…

Il nicha son nez dans ses cheveux et huma son parfum apaisant. Le *Star* l'avait surnommée *l'Usurpatrice* affirmant que Virginia Grace s'était emparée de la fortune de John Myers pour la faire fructifier et avait camouflé le tout en prétendant l'avoir consacrée à la construction d'un hôpital africain. La *Fondation de l'Espoir* n'était qu'une arnaque de plus dans son plan machiavélique. Les paparazzis les suivaient partout en ville et campaient devant les grilles du domaine. Bref, leur vie californienne s'était transformée en véritable cauchemar au grand dam de Jerry. Il soupira en s'éloignant d'elle.

— Je vais m'en assurer, comptez sur moi, assura leur avocat. J'en fais mon affaire personnelle, je ne lâcherai pas le morceau.

— Merci Herbert, dit Jerry.

Los Angeles, États-Unis

Mai 2012

Nina eut un choc lorsqu'elle sortit du supermarché. Sa voiture avait été vandalisée, on pouvait lire sur le capot *USURPATRICE VOLEUSE.* Son cœur s'emballa et elle dut retenir des larmes de rage. Malgré la rétraction de John sur ses accusations malsaines et ses excuses publiques, les médias l'avaient prise en grippe et continuaient de s'acharner sur elle. Elle avait tenté de les ignorer, ne lisant jamais de journaux, boudant les réseaux sociaux. Mais ils étaient tenaces et venaient à bout de toutes ses résolutions de rester de marbre.

Elle se dirigea rapidement vers son véhicule et ouvrit le coffre pour déposer ses sacs de provisions. Elle fut alors assaillie par un journaliste et des paparazzis qui lui plantèrent un microphone devant le visage, tandis qu'une caméra de télévision tournait. Elle était anéantie, toute cette haine dirigée contre elle, elle sentit une nausée poindre.

— Mme Buchanan, avez-vous volé et caché les millions de John Myers?

— Laissez-moi tranquille!

Elle grimpa rapidement dans la Mercedes et referma la porte sur le bras du journaliste. Il retira sa main en jurant, elle en profita pour verrouiller les portières et démarra la voiture. Elle enclencha la marche arrière, mais ne put reculer, car une voiture lui bloquait la voie. Elle haleta d'indignation, bon sang! Heureusement que les jumeaux n'étaient pas avec elle. La voiture était encerclée de journalistes et photographes alors qu'un sentiment de panique la saisit à la gorge. Sans réfléchir, elle passa en marche avant et grimpa sur le terre-plein pour sortir du stationnement. Lorsqu'elle s'engagea sur la route, une camionnette la prit en chasse. Elle tenta de les semer sans succès, circulant en zigzaguant dans les rues congestionnées du centre-ville. Dans sa hâte, elle ne vit pas le camion arriver sur sa gauche et la collision fut inévitable.

Le choc fut brutal, le coussin gonflable lui fouetta le visage laissant une sensation de brûlure et une odeur âcre qui la fit grimacer. Puis une atroce douleur à sa jambe gauche la fit presque suffoquer, elle dut attendre de longues minutes avant que quelqu'un s'approche du tas de ferraille qu'était sa voiture. Il s'agissait d'un homme qui la prit en photo à l'aide de son cellulaire, elle se cacha le visage de ses mains. Il rangea son appareil et lui parla doucement.

— Est-ce que ça va?

Il tenta d'ouvrir la portière sans succès.

— Les secours arrivent, je vais rester près de vous. Vous devez tenter de respirer calmement.

La douleur était si intense qu'elle haletait, il lui prit la main et l'incita à prendre de grandes respirations. Elle se concentrait sur sa voix en tentant de ne pas perdre contact avec la réalité.

— Il faut appeler Jerry, dit-elle avant de s'évanouir.

Los Angeles, États-Unis
Mai 2012

Jerry attendait dans la petite salle, fou d'inquiétude. Nina, *sa* Nina, était en salle d'opération. Il n'avait pas pu la voir, à son arrivée elle était en salle de choc et on l'avait amenée rapidement au bloc opératoire. Il se leva pour serrer Carrie dans ses bras. Elle arrivait accompagnée de Julio, son chauffeur.

— Oh mon Dieu! Est-ce qu'elle va bien? demanda-t-elle en larmes. J'ai tout vu à la télévision, ils n'arrêtent pas de passer la collision en boucle…

— Je sais, bande de salauds! Ils sont en train de réparer sa jambe, je sais seulement qu'elle était inconsciente à son arrivée…

Il ne put se retenir plus longtemps et pleura dans les bras de Carrie. Elle le serra contre elle, partageant sa douleur et sa colère.

— Ils ont failli la tuer, dit Jerry, ces maudits journalistes… Ils la suivent constamment, ils campent devant la maison! Je vais la ramener en Écosse…

— Oui, pour le moment c'est ce que tu dois faire.

Ils s'assirent côte à côte, perdus dans leurs pensées. Jerry avait la rage au cœur. Fini les projets de film, ils retourneraient à leur petite vie calme dans la campagne écossaise. Un médecin vint s'entretenir avec eux.

— M. Buchanan, votre femme se porte bien. Elle a des fractures au genou et au fémur. Nous avons réduit la fracture du fémur et procédé à la réparation de son genou. Elle est maintenant en salle de réveil et d'ici une heure vous pourrez lui parler.

— Merci docteur, je suis soulagé. Est-elle réveillée?

— Oui depuis quelques minutes… Et ses premières pensées ont été pour vous et les enfants. Attendez ici et je vais demander à l'infirmière de vous faire entrer en catimini, dit le médecin en lui adressant un sourire de connivence.

Jerry pénétra dans la salle de réveil et on le dirigea rapidement vers sa femme qui gisait sur une civière. Il lui flatta doucement les cheveux et n'osa pas l'embrasser lorsqu'il vit l'enflure de son visage. Il caressa son menton doucement.

— Oh Jerry, murmura-t-elle d'une voix rauque.

Elle tenta de lui sourire.

— Ne dis rien, *muirnin*... Je t'aime. Je vais prendre soin de toi, mon amour. Repose-toi, je te verrai plus tard.

Il l'embrassa sur le front et elle ferma les yeux. Il remercia l'infirmière et alla rejoindre Carrie. C'était décidé, ils retourneraient en Écosse, de toute façon il avait un roman à terminer.

Dans les mois qui suivirent, les médias s'en donnèrent à cœur joie, même si Jerry et Nina s'étaient retirés de la vie publique. L'enquête suite à l'accident de Nina n'avait pu prouver la responsabilité des deux paparazzis qui avaient pris Nina en chasse ce jour-là. L'accident avait été causé par son manque d'attention. Nina avait réussi à convaincre Jerry de laisser tomber l'idée de poursuite. Elle avait récupéré toute sa mobilité et elle n'avait aucune séquelle. Elle ne voulait pas avoir de procès et attirer encore une fois l'attention médiatique. Enfin, en Écosse ils pouvaient avoir une vie normale et circuler sans gêne aucune.

Invergarry 1745

Sur les rives du Loch Oich, le château du clan des MacDonnell semblait veiller sur la vallée. Cette citadelle était nichée sur *Creagan an Fhithich*, le Rocher du corbeau. Son emplacement était on ne peut plus stratégique, surplombant ainsi toute la vallée du Loch.

William voulait d'abord se rendre au château pour faire connaître sa visite au maître des lieux, le Laird Dugald MacDonnell de Glengarry. Ce dernier l'accueillit avec réserve, trouvant son motif de visite un peu nébuleux surtout en ces temps révolutionnaires. Son hospitalité en fut donc quelque peu refroidie. William ne fut guère étonné, il se doutait bien qu'il serait comme un intrus dans ce bastion jacobite et il n'avait pas l'intention de s'incruster bien longtemps.

Dugald avait eu de bons espoirs de rallier les Buchanan à la cause lors du mariage de son fils avec la jeune Isla, mais George Buchanan était têtu ainsi que son fils. Pour lui, ils n'étaient pas de vrais highlanders, la peur avait motivé leur choix et ce William pouvait s'avérer être un espion à la solde du Duc d'Argyll...

Isla fut très heureuse de leur visite et elle les accueillit avec chaleur. Heureusement, elle vivait dans une chaumière au village, ils n'eurent pas à quémander un gite au Laird. Ils se rendirent ensuite à la petite église afin d'y rencontrer Alexander qui fut très surpris de leur visite et ravi d'apprendre leur mariage. Il riait de bonheur en serrant Erlina dans ses bras. William fut étonné de revoir un homme si chaleureux et démonstratif, alors qu'il l'avait trouvé très réservé auparavant. Il riait facilement et parlait beaucoup. En fait, Erlina le connaissait depuis assez longtemps pour comprendre qu'il s'était remis à boire et que sa bonne humeur était illusoire. Effectivement, il y avait une distillerie qui fabriquait du whisky à deux pas...

Ils dînèrent tous ensemble dans la demeure d'Isla, son mari Robert MacDonnell était en *voyage*, William ne posa aucune question. Isla n'avait pas d'enfants, elle avait fait deux fausses couches durant les premières années de leur mariage. William la trouva amaigrie et malheureuse. Elle parla peu, posa beaucoup de questions sur les gens du Château Buchanan et demanda des nouvelles de ses sœurs. Elle s'intéressa beaucoup à Erlina, l'interrogeant sur l'Irlande et sur son mariage avec William. Elle était étonnée de voir son petit frère si amoureux, il avait toujours fait montre d'une certaine réserve envers les femmes. Elle ne dit mot à Malcolm, mais ses regards insistants n'échappèrent à personne.

Ils la quittèrent le lendemain et Isla fut déçue de les voir partir si prématurément. William avait expliqué à Erlina qu'il sentait des tensions et vu qu'ils n'étaient pas bienvenus, mieux valait partir plus tôt que prévu. Alexander avait eu un discours très patriotique la veille, il avait affiché ses couleurs jacobites sans retenue, contrastant ainsi avec l'attitude réservée des invités. Tous étaient restés prudents dans leur propos et surtout, avares de commentaires.

Le chemin du retour parut plus court à Erlina. Ils étaient presque arrivés à Weem mais le crépuscule s'annonçait et ils durent s'arrêter afin de monter leur campement. William avait mal calculé ses distances, il avait cru pouvoir se rendre au château des Menzie pour passer la nuit. Le jeune Keith entreprit de faire un feu et pendant qu'il s'y activait, une pluie fine se mit à tomber. Les hommes s'affairaient à installer la bâche formant ainsi un abri de fortune.

Dans la journée, ils avaient croisé une troupe de Black Wacht, des soldats du régiment écossais qui surveillaient et maintenaient l'ordre dans les Highlands. La réputation des Buchanan leur avait servi et ils avaient été traités en amis, en partie à cause des MacNab, le frère ainé de Ranald faisant partie de ce régiment.

Erlina avait besoin de se soulager, elle était incapable de se retenir plus longtemps. Elle profita du fait que les hommes étaient occupés à monter le campement et qu'Innes soit en train de préparer leur maigre repas pour s'éclipser. Elle s'enfonça légèrement dans la forêt à la recherche d'un bosquet. Lorsqu'elle eut terminé sa besogne, elle replaça ses jupes et se releva pour repartir d'où elle venait, quand elle sentit un bras solide l'empoigner et une main la bâillonner. Elle essaya de crier, mais un son étouffé sortit de sa gorge. Elle ressentit une douleur vive derrière sa tête et s'évanouit.

William avait terminé d'attacher solidement les cordes et chercha sa femme du regard. Il alla voir dans le carrosse, elle n'y était pas.   Il ne la voyait nulle part. Il s'adressa brusquement à Innes.

— Où est Erlina?

— Je n'en sais rien, répondit-elle inquiète à son tour. Elle doit être allée se soulager…

William partit à sa recherche. Il revint bredouille et très contrarié.

— Elle n'est nulle part.

Les hommes partirent chacun de leur côté, William prit le même chemin qu'Erlina quelques minutes plus tôt. Il trouva le bosquet mouillé et suivit des pistes qui l'amenèrent à un sentier où on était monté à cheval. Il revint en trombe au campement et enfourcha son cheval à toute vitesse, Malcolm et John le suivirent en sautant sur leur monture.

— Il y a des traces d'un cheval, elle a été enlevée...

Il partit en trombe. Malcolm ordonna à Craig de rester et de les attendre. Keith monta son cheval et ils suivirent William à travers la forêt. La nuit tombait, le pistage était difficile et le sentier semblait s'arrêter. Ils durent allumer des torches. Ils cherchèrent pendant plusieurs heures, la pluie rendant leur recherche encore plus difficile. Ils arrivèrent à une chaumière située au pied d'une montagne. William frappa violemment à la porte. Un vieil homme ouvrit, apeuré par tant de vacarme. William le questionna impatiemment, le vieux était peu bavard, mais William était certain qu'il savait quelque chose. Il revint vers Malcolm qui était resté en selle.

— Il sait quelque chose, je vais le faire parler, dit William d'un air menaçant.

Malcolm descendit de cheval.

— Laisse-le-moi un peu...

— Je te donne cinq minutes… Ensuite, je m'en occupe…

Malcolm frappa et entra dans la maison. Quelques minutes plus tard, il ressortit.

— Il dit que c'est un Campbell, il se cache dans la montagne. Il est passé il y a plus d'une heure, il avait une femme avec lui. Il ne sait pas où il se cache exactement…

William entra en trombe dans la maison, accula le vieil homme contre le mur, et lui mit sa dague contre sa gorge.

— C'est ma femme et je vais te tuer si tu ne me dis pas où il l'a amené… gronda-t-il.

— Suis le sentier, monte la montagne lorsque vous arriverez au rocher prenez à droite… Dépêche-toi sinon il va la tuer comme les autres…

William le lâcha, il sentit une peur l'envahir puis une rage sans nom s'empara de lui. Une envie de tuer lui scia le ventre. Il sortit et sauta sur son cheval en criant. Ses hommes le suivirent prestement. Ils continuèrent sous la pluie, infatigables, ils avaient maintenant un but. Ils montèrent, montèrent, suivant le sentier qui gravissait la montagne. Ils arrivèrent à ce qui semblait être une

196

impasse, le sentier s'arrêtant devant une falaise rocheuse. Ils continuèrent vers la droite comme leur avait dit le vieil homme. Il n'y avait aucun sentier, mais William réussit à suivre les traces laissées par leur prédécesseur.

La pluie avait cessé et un clair de lune apparut leur révélant un environnement on ne peut plus hostile. À leur pied, ils découvrirent un précipice et ils durent faire preuve de vigilance à chacun de leurs pas. William marchait en tête, tirant son cheval par la bride afin de voir le chemin et s'assurer de ne pas glisser dans le vide. Ils atteignirent l'autre versant de la montagne où les arbres se firent plus rares. Ils virent dans la vallée plus bas, une petite maison de pierres au toit de chaume. De la fumée s'échappait de la cheminée.

Un cheval était attaché près de la cabane. William sentit son cœur s'arrêter et repartir, il tenta de contrôler sa peur de la perdre pour se ressaisir. Il se tourna vers ses hommes afin de déterminer leur plan d'attaque silencieusement. Ils avaient éteint leurs torches avant d'arriver dans la vallée ce qui leur donnait l'avantage de la surprise. Ils s'approchèrent silencieusement, à l'affut du moindre bruit. Une faible lumière s'échappait sous la porte et bizarrement aucune fenêtre n'ornait la petite chaumière. William et Malcolm étaient devant, John et Keith surveillaient leurs arrières. Malcolm ouvrit doucement la porte et William pénétra dans la pièce armé de sa claymore et son couteau.

Balayant la pièce du regard, il vit un feu dans la cheminée et une chandelle allumée sur la table. Aucune trace d'Erlina. Une odeur de sang et viande putride vint lui chatouiller les narines, William eut un haut-le-cœur. Il se tourna vers la grande armoire dans le coin qui était restée ouverte, et ce qu'ils découvrirent les horrifia au plus haut point. Sur les tablettes, plusieurs membres : doigts, mains, pieds et même la tête d'une femme qui les regardait de ses yeux blancs et morts. Une frayeur atroce le plia en deux, où était sa Nina?

Malcolm lui tirait le bras vigoureusement et il se tourna vers lui. Ils restèrent silencieux tandis que John leur montra une trappe dans le plancher. Keith était sorti précipitamment. John ouvrit la trappe, Malcolm donna la chandelle à William qui descendit les escaliers de bois doucement et passa le premier dans l'étroit passage, ils le suivirent silencieusement armés de leur pistolet et de leur claymore.

Le passage débouchait sur une grande pièce souterraine, des chandelles étaient allumées partout. Au centre, il y avait une grande table munie de sangles et au mur, on retrouvait toute une multitude de couteaux, haches, scies. Au fond de la pièce, une porte plus petite était fermée. William s'approcha doucement et écouta, des bruits étouffés lui parvenaient. Il ouvrit la porte et entra rapidement. Il vit Erlina nue couchée sur le ventre, attachée sur une table, sa tête pendant mollement au-dessus du vide. Elle était morte…

Doug Campbell s'acharnait à la sodomiser, complètement nu, le corps enduit de sang. William hurla, lui transperça le corps de son épée puis lui trancha la gorge de son poignard. Il repoussa son corps de toutes ses forces. Il trancha les sangles qui retenaient le corps de sa femme en pleurant comme un enfant.

— William, elle respire… lui dit Malcolm qui s'était approché.

John resta en retrait dans l'autre pièce respectueux de son chef. William retourna le corps de sa femme vers lui et toucha sa joue doucement. Elle était inconsciente, son visage était recouvert de sang, mais elle respirait… Il examina son corps rapidement recherchant des signes de violence, mais à part la blessure à la tête elle semblait intacte. Malcolm la recouvrit d'une couverture. William la prit dans ses bras et passa dans l'autre pièce. John était remonté. William était assis sur une chaise avec sa femme sur ses genoux et pleurait tout en la berçant. Elle ne réagissait pas et pendait mollement entre ses bras.

Malcolm revint avec la sacoche de William qui contenait une gourde d'eau et quelques vêtements. William lui nettoya doucement le visage et elle remua les lèvres. L'espoir le gagna et il se mit à lui parler doucement, l'incitant à ouvrir les yeux et lui disant qu'il l'aimait et qu'elle était en sécurité. Il lui fit boire un peu d'eau et elle finit par soulever les paupières.

— William... dit-elle d'une toute petite voix apeurée en regardant autour d'elle.

— N'aies pas peur mon amour... c'est fini. Il ne te fera plus aucun mal, *jamais*.

Elle se mit à vomir, il tenait ses cheveux d'une main et lui caressait le dos pendant qu'elle vidait le contenu de son estomac sur le sol de terre battue. Quand elle eut terminé, il lui demanda si elle pourrait monter à cheval, car ils devaient repartir.

— Je n'en sais rien, j'ai mal... dit-elle en touchant sa tête. Que s'est-il passé?

Il ne répondit pas, la regardant d'un air douloureux.

— Cet homme m'a attrapée alors que j'étais allée me soulager près d'un bosquet, j'ai senti un coup sur ma tête et je me suis réveillée alors qu'on arrivait près d'une maison de pierres. Il me tenait sur son cheval, et quand il m'a déposé par terre, je l'ai frappé à la tête avec une bûche et j'ai couru, mais il m'a rattrapée et je ne me souviens plus de rien... C'était encore Doug Campbell n'est-ce pas?

— Oui.

— J'ai mal…

Il lui donna un autre linge et elle se nettoya doucement. Il ne l'avait pas violée, mais sodomisée. Elle saignait un peu, mais la sensation de brûlure était tolérable, elle essaya de chasser ces horribles pensées. Elle enfila avec difficulté des vêtements à lui, trop grands, mais la chemise ferait l'affaire pour le moment. Ils retrouvèrent son corsage complètement détruit, mais sa jupe était encore potable. Ils brûlèrent la maison, personne ne lui parla du contenu de l'armoire. Elle n'avait pas besoin de savoir…

Keith avait prospecté les environs et avait trouvé une route plus loin dans la vallée, cette route se rendait à Weem. Ils chevauchèrent pendant plus de deux heures, Erlina était assise en travers de la selle de William qui la tenait dans ses bras. Ils durent arrêter à deux reprises afin qu'elle puisse vomir sur le bord de la route et elle se plaignait d'un mal de tête constant.

Ils arrivèrent au Château des Menzie au beau milieu de la nuit et le majordome finit par leur ouvrir la porte du château après s'être assuré de l'identité de ces visiteurs nocturnes. Callum les accueillit avec surprise. Margareth ne pouvant ignorer le vacarme apparut du haut des escaliers et descendit aussitôt quand elle reconnut son frère qui tenait sa femme entre ses bras.

— William, mais que se passe-t-il?

—Margareth! Je suis si content d'être arrivé, c'est Erlina, elle est blessée...

Il tenait sa femme inconsciente dans ses bras et semblait sur le point de défaillir.

— Callum, aidez-le à amener Lady Erlina dans la chambre jaune...

Callum prit Erlina dans ses bras et William le suivit sans un mot, soulagé. Margareth prit le couloir de droite et ouvrit la deuxième porte, son majordome la suivit avec son candélabre. Il s'agissait d'une grande chambre à coucher, Callum déposa doucement Erlina sur le lit. Il donna des ordres au majordome qui revint avec de l'eau fraiche et un coffre de potions de toutes sortes.

— Allez, petit frère, raconte-nous ce qui est arrivé, dit-elle.

—Elle a été enlevée alors que nous faisions notre campement. J'avais mal évalué mes distances, je pensais être ici pour la fin de la journée, mais il nous restait plus de trois heures avant d'arriver... Nous avons suivi les traces de son ravisseur jusqu'à une petite maison de pierres, c'est là qu'il l'avait amené.

Doug Campbell… J'aurais dû le tuer la dernière fois que je l'ai vu au lieu de l'amener à Inveraray…

— Il s'est échappé de la prison d'Inveraray le mois dernier et le Black Watch le soupçonnait de se cacher par ici… Il y a eu des disparitions de femmes chaque semaine ces derniers temps, ici à Weem, à Killiecrankie et même à Crieff… dit Callum.

Le majordome sortit et Margareth insista pour savoir ce qui était arrivé à Erlina. William leur raconta en retenant ses larmes. Elle s'était évanouie après ses derniers vomissements sur le bord de la route.

— Ce doit être les coups à la tête, dit Margareth. Dès que le jour se lèvera, nous enverrons chercher le médecin. Pour ce qui est de l'autre blessure, j'ai un onguent qui va la soulager… C'est peut-être mieux ainsi, au moins elle ne pourra pas être enceinte de cette ordure…

Ces paroles atteignirent William en plein cœur, *mieux ainsi*… L'horrible vision de cet ignoble en train de sodomiser sa femme le hantait, il devait tenter de l'oublier. Il avait failli, il n'avait pas réussi à la protéger, elle allait peut-être mourir par sa faute. Il aurait dû tuer ce salopard la première fois qu'il avait essayé de la violer au lieu de penser à se racheter auprès du Duc.

Il refusa de quitter le chevet de sa femme. Margareth lui fit amener un bassin d'eau chaude afin qu'il puisse se nettoyer, mais il entreprit de lui faire un bain au lit. Il nettoya son corps doucement ponctuant gestes de mots tendres. Elle s'éveilla sous ses caresses et le regarda d'un air hagard, elle semblait confuse et avait des propos incohérents. Il la rassura avec des mots d'amour, elle referma les yeux et sombra dans un sommeil sans rêves.

Il fit sa propre toilette rapidement et se coucha près d'elle moulant son corps contre le sien. Il finit par s'endormir d'épuisement et se réveilla quand Margareth frappa doucement à la porte. Il se leva, passa son kilt et une chemise puis ouvrit. Le médecin était arrivé. Il s'agissait d'un vieil homme aux cheveux d'un blanc éclatant, portant des lunettes rondes sur une monture en or. Il paraissait digne de confiance, William le laissa entrer, mais resta tout près de sa femme d'un air protecteur. Il examina Erlina avec des gestes doux et précis.

— Vous êtes son époux? demanda-t-il en regardant l'intérieur de ses yeux et en lui écrasant ensuite le bout de ses doigts, elle retira sa main rapidement.

— Qu'est-ce que vous faites? demanda William, n'appréciant pas le voir lui faire mal.

— Elle réagit à la douleur, c'est excellent…

Il continua son inspection, palpa ses bras, ses jambes. Il se tourna vers William.

— Je dois examiner ses parties intimes, si vous êtes d'accord...

William acquiesça en serrant les dents.

— Ouvrez le rideau de la fenêtre s'il vous plait, afin d'avoir un peu plus de lumière.

William obtempéra et resta près de la fenêtre, il observa le vieil homme qui découvrit le corps de la jeune femme et lui écarta doucement les cuisses puis les fesses.

— Tout me semble bien de ce côté-là... Il y a une petite déchirure à l'anus, rien de grave. Cela devrait guérir rapidement, aucun autre signe de violence... Elle a reçu deux bons coups à la tête, il y a deux bosses qui en font foi.

Il la recouvrit des couvertures et se lava les mains dans le bol. William revint vers lui.

— Qu'en pensez-vous docteur?

—Eh bien, elle est dans le coma. Mais elle réagit à la douleur, ce qui me fait croire qu'elle va s'en sortir. Je ne peux pas dire quand elle va se réveiller, cela peut prendre des jours… Parfois, ils ne se réveillent pas… mais ceux qui réagissent à la douleur sont revenus pour la plupart. Il se peut qu'elle souffre d'amnésie et qu'elle ait tout oublié… Son nom, son mari, sa famille, ses amis… Je ne peux rien vous dire avant qu'elle se réveille, car c'est différent à chaque fois! Les traumatismes à la tête sont parfois surprenants… Il faut attendre… Mais j'ai bon espoir jeune homme, lui dit-il en souriant. Il lui tapota l'épaule avant de ressortir. Je vais revenir demain…

William refusa de quitter la chambre. On vint lui porter à déjeuner et il mangea du bout des lèvres. En fin de matinée, Innes vint cogner à la porte. Elle était morte d'inquiétude et pleura doucement quand elle vit Erlina. Malcolm, John et Keith étaient venus à leur rencontre. Dès le lever du soleil, Craig et elle avaient ramassé le campement et avaient continué leur route, morts d'inquiétude. Malcolm leur avait raconté, omettant certains détails.

—Le médecin dit qu'il a bon espoir, elle réagit à la douleur et cette nuit, elle s'est réveillée… Il faut attendre qu'elle s'éveille à nouveau…

— Je vais rester avec elle, n'ayez crainte milord. Je vais la réinstaller confortablement... Allez prendre l'air un peu, vous avez l'air malade...

Elle le mit à la porte de la chambre, il déambula comme une âme en peine, insensible à son environnement. Il sortit et se retrouva dans la cour, le temps était nuageux. Il vit Keith aux écuries et alla le rejoindre.

— Chef! Comment allez-vous? S'est-elle réveillée?

— Non... son air sombre ne disait rien qui vaille.

Il alla trouver Sian, entreprit de le brosser et de le soigner. Il installa sa selle et partit pour une promenade. Ses hommes l'observèrent le cœur lourd, ils auraient voulu effacer la nuit dernière de leur mémoire. Si seulement Lady Erlina ne s'était pas éloignée du campement...

Il chevaucha derrière le château, la forêt était calme et si silencieuse que cela lui parut étrange. Il s'arrêta et descendit de son cheval, ce dernier était nerveux et partit au trot. Surpris, William le regarda et se sentit rassuré lorsqu'il le vit s'arrêter à quelques dizaines de mètres plus loin. Il examina les alentours cherchant la source de ce drôle de phénomène. Il fit le tour du sous-bois et conclut qu'il s'agissait d'une zone morte. Il avait déjà entendu parler de cela, un endroit dans la forêt que tous les animaux évitaient…

Il continua son exploration puis trouva l'entrée d'une petite caverne et tout près, un dragon sculpté dans un rocher. Étrange… il ne se rappelait pas avoir entendu parler d'une légende de dragon. Peut-être que la forêt de Weem était hantée, le château recelait bien des histoires de fantômes… Il pria se disant que peut-être ces âmes pourraient intercéder en sa faveur pour que sa femme lui soit rendue. Il rebroussait chemin quand soudain, du coin de l'œil, il eut l'impression qu'une femme habillée de blanc était passée rapidement. Il se retourna, ne vit rien, mais il avait l'étrange impression d'être observé.

Il sortit du sous-bois et alla retrouver son cheval qui broutait dans la clairière. Malcolm venait à sa rencontre, et descendit de son cheval. Il vint lui faire l'accolade en lui tapotant l'épaule. Ils marchèrent un peu, William était peu bavard.

— Nous n'avons rien dit à Keith, Craig et Innes… Ils savent seulement qu'il la retenait prisonnière et que nous sommes arrivés à temps. Keith n'a rien dit de ce qu'il a vu dans l'armoire, il est sorti vomir et est resté dehors, il dit qu'il a prié tous les saints du ciel…

— Le médecin affirme qu'elle va se réveiller… Quand elle aura repris ses esprits, je veux que personne ne parle de ce qui est arrivé dans cette cabane et de ce que nous y avons vu. Avec un peu de chance, elle aura oublié…

— Oui… Je crois que c'est la meilleure chose à faire, mais il faut que toi aussi tu oublies…

— Je ne pourrai jamais oublier *ça*! Elle est ce que j'ai de plus précieux, je donnerais ma vie pour elle…

Malcolm resta silencieux, il comprenait la douleur de William et le sentiment de culpabilité qui le rongeait. Les highlanders étaient des hommes durs à cuire capable de se battre et de tuer sans remords par devoir ou pour leur conviction, mais c'était avant tout des hommes de cœur et d'honneur. On s'était attaqué à sa femme, cela l'avait atteint au plus profond de son être.

Dès leur retour au château, William retourna à la chambre d'Erlina, Innes était à son chevet. Elle semblait dormir paisiblement, il s'approcha d'elle et l'embrassa doucement sur les lèvres. Elle ne broncha pas, il appuya fortement sur un de ses ongles et elle retira sa main. Il fut rassuré. Il donna congé à Innes en lui ordonnant d'aller manger quelque chose. Une heure plus tard, Margareth vint le voir. Il était assis près du lit et tenait la main de sa femme entre ses doigts.

— William, ne discute pas et va dans la grande cuisine manger avec tes hommes, je vais rester avec elle pendant ce temps, lui dit-elle de sa voix autoritaire.

Il la regarda surpris, elle avait parlé comme leur mère. Il embrassa la main d'Erlina et se leva. Margareth le serra dans ses bras avant qu'il ne sorte de la pièce les yeux pleins de larmes. Il se ressaisit et se dirigea vers les cuisines.   Effectivement, ils étaient tous assis autour de la grande table. Ils se turent à son arrivée afin de l'accueillir respectueusement et il se joignit à leur joyeuse assemblée. Callum et Malcolm discutaient de chasse, William les écoutait d'une oreille distraite quand il entendit parler du rocher au Dragon. Il questionna Callum sur ce sous-bois.

— Je suis allé là cet après-midi, c'est bizarre on dirait une zone morte…

— Tu as raison, aucun animal ne vit dans ce périmètre, cette forêt est dite hantée par une fée. Certains disent l'avoir vue, elle a une longue robe blanche… Il parait que, quand elle apparait on doit faire un vœu et elle le réalisera. La légende raconte qu'un dragon habitait la forêt de Weem et terrorisait les habitants. Un jour, le dragon enleva une petite fille mais une fée qui passait par là, la libéra et tua le dragon. La sculpture du dragon est très ancienne… Toujours selon cette légende, la fée vit encore dans la grotte… On l'appelle la Grotte de la fée.

Curieusement, il lui avait semblé voir une femme en blanc, mais il s'abstint de commentaires. Il avait prié pour qu'Erlina soit guérie, il refit son vœu dans le fond de son cœur. À la fin du repas, il retourna dans la chambre afin de donner congé à sa sœur, mais il eut la surprise de trouver Margareth dans le couloir devant la porte.

— Que se passe-t-il? demanda-t-il inquiet.

— Elle est sur la bassine, elle avait besoin de se soulager… Innes est avec elle…

— Quoi! Tu veux dire qu'elle est consciente? dit-il en essayant d'ouvrir la porte.

— Oui! Puisque je te dis qu'elle a une envie… Veux-tu bien lui laisser le temps…

William frappait des coups insistants à la porte quand Innes vint ouvrir. Elle lui sourit, et il passa le pas de la porte le regard rivé sur le lit. Erlina était assise et lui souriait doucement. Il s'approcha d'elle et la serra dans ses bras.

— Comment vas-tu mon amour?

— Ça va… J'ai un peu mal à la tête, mais il parait que je suis tombée et me suis cogné la tête?

— Oui…

— Es-tu certain que ce n'est pas une chute de cheval? Parce que j'ai mal aux fesses et j'ai deux grosses bosses sur la tête.

— Peut-être bien…

Elle lui montra une bosse derrière sa nuque et une autre sur le dessus du front où il y avait une croûte de sang séché.

— Je suis content que tu ailles mieux…

Il la serra dans ses bras, heureux que sa prière ait été entendue.

1745

Ils restèrent deux jours supplémentaires au Château de Weem, selon les recommandations du médecin que William suivit à la lettre. Erlina voyagea toute la journée dans le carrosse avant d'arriver à Kinnell House, où ils purent s'attarder quelques jours. Elle se sentait bien et malgré des maux de tête et des étourdissements fréquents, elle récupérait rapidement.

Elle aimait bien les MacNab, ils étaient simples et chaleureux. Ils ne semblaient faire aucune distinction entre les serviteurs et la famille. Innes était devenue une grande amie et une véritable confidente pour Erlina. Elle lui avait raconté tous les secrets des Buchanan et des MacNab. Elle savait maintenant que Moira avait d'abord refusé de se marier avec Ranald parce que durant leur enfance, il avait vidé un seau de fumier sur sa robe alors qu'ils avaient à peine sept ans.

Elle lui avait tenu rancune toute leur enfance et ce n'est qu'à l'âge adulte, lorsqu'il était apparu sur son cheval dans la cour du château des Buchanan, qu'elle était tombée amoureuse de lui. Grand et costaud, avec ses cheveux de jais et son sourire éclatant, il avait conquis son cœur, mais elle l'avait tout de même repoussé par orgueil. Ranald était reparti le cœur lourd à Kinnell House.

Le père de Moira, George Buchanan l'avait sermonnée et elle avait dû envoyer une lettre d'excuse. Ils avaient alors correspondu quelque temps. Lorsqu'elle apprit par William que Ranald allait prendre une autre épouse, ce qui était une ruse de son petit frère, elle demanda à son père d'aller rendre visite aux MacNab à Kinnell House.

Elle fit une crise de colère au pauvre Ranald qui ne comprit pas tout de suite la raison de sa rage soudaine. Elle était là devant lui, ses longs cheveux battants au vent, vêtue d'une robe rouge que les rafales plaquaient contre ses formes féminines d'une façon si délicieuse... Il la trouva si belle dans sa fougue, qu'il la prit dans ses bras et la fit taire d'un long baiser. Elle se consuma toute entière pour lui et il eut de la difficulté à la lâcher. Le mariage fut célébré quelque temps plus tard au grand plaisir de tous. Erlina trouvait cette histoire tellement romantique et elle avait de la difficulté à imaginer

Moira si entêtée et si froide envers Ranald, alors qu'elle paraissait si amoureuse et qu'elle le couvait constamment du regard.

Après un copieux repas, la soirée avait été très agréable et pour la première fois depuis quelques jours, William et ses hommes se détendirent un peu. Il suivit sa femme qui se disait fatiguée et qui voulait monter à leur chambre. Même s'il la savait en sécurité, il se sentait incapable de la laisser seule. Il refermait la porte derrière lui quand il sentit ses mains qui caressaient ses fesses, il se tourna vers elle et lui sourit.

— William, il semble que ça fait une éternité…

— Une semaine? Tu appelles ça une éternité?

— Bien, depuis qu'on est marié, tu ne m'as jamais délaissée autant…

— Délaissée? Chérie, ce n'est pas parce que je ne te fais pas l'amour que je te délaisse… Tu es blessée, tu dois te reposer et le médecin a dit pas d'exercice et pas de cheval pour encore une semaine.

— Mais ce n'est pas la même chose, lui dit-elle en retirant le haut de sa robe dénudant ainsi sa poitrine.

Il déglutit en voyant ses seins, ne sachant quelle attitude prendre. Elle n'avait aucun souvenir de ce qui s'était passé dans la cabane... À son réveil, il avait été incapable de lui raconter ce qu'il tentait lui-même d'oublier... Elle continua à se déshabiller et se retrouva nue devant lui, attendant son bon vouloir.

— William mon chéri, qu'y-a-t-il? Tu ne me trouves plus belle? lui dit-elle d'une toute petite voix.

— Belle? Ce n'est pas un mot qui me vient à l'esprit quand je te vois nue... Plutôt : magnifique, merveilleuse, ravissante, parfaite ou encore sublime, mais définitivement pas *belle*...

Il la prit dans ses bras et l'amena jusqu'au lit où il la déposa tout doucement. Il l'embrassa tendrement.

— Ma chérie... je t'aime et je te désire comme un fou, mais il est hors de question qu'on fasse l'amour... le docteur a dit deux semaines et j'ai l'intention que tu guérisses complètement...

— Le docteur! Mais c'est quoi ce docteur? J'ai une blessure à la tête, je ne vois pas le rapport...

— Il faut que tu te reposes...

— Mmm, fit-elle peu convaincue.

Elle le regarda se déshabiller et l'attendit patiemment sous l'édredon. Il fit sa toilette rapidement et se coucha. Il moula son corps dans son dos. Elle bougea son bassin et sentit son érection contre sa fesse. Elle sourit et se dit qu'elle l'aurait bien à l'usure. Elle finit par tomber endormie alors que William en était bien incapable... Il dut se lever et attendre que son désir passe avant de pouvoir revenir vers elle et finalement s'endormir.

Il fit des rêves érotiques, mais un rêve s'avéra encore plus charnel que les autres... Il s'éveilla dans un moment intense d'excitation et réalisa soudain que ce n'était pas un rêve. Nina était penchée sur son bas-ventre et caressait son membre en érection tout en le léchant de sa langue gourmande. Soudain, elle le prit dans sa bouche et il sentit la chaleur de sa gorge l'envelopper divinement. Il ne put retenir un gémissement. Elle continua son petit jeu jusqu'à ce qu'elle le sente au bord de l'extase. Puis elle cessa tout et se tourna vers lui, approchant ses lèvres des siennes, malicieusement.

— Est-ce que tu veux faire l'amour avec moi? lui demanda-t-elle hypocritement.

Elle l'enjamba et il lui prit les hanches pour s'arquer vers elle afin de la pénétrer profondément. Lorsqu'elle eut obtenu tout ce qu'elle voulait de lui, elle se coucha à ses côtés.

— Tu sais que tu es une petite canaille? Je dirais même vicieuse...

— Si je suis ce que tu dis, c'est à cause de toi... C'est toi qui m'as tout appris...

— Je t'aime... fit-il en souriant. Tu sais comment t'y prendre pour m'affaiblir et profiter de moi...

Elle rit. Il la serra doucement contre lui et l'embrassa doucement. Ils s'endormirent tous deux de ce sommeil insouciant et serein qui suit toujours l'orgasme.

Hollywood, États-Unis

Février 2013

La 85ᵉ cérémonie des oscars eut lieu le 24 février 2013 au Dolby Theater à Hollywood. *Le cœur au ventre* était en nomination dans quatre catégories. Jerry ne tenait pas en place, lui qui d'ordinaire était d'un calme olympien en toute circonstance, avait vécu cette soirée comme un calvaire. Ils avaient quitté Los Angeles sur une bien mauvaise impression la dernière fois. L'accident de Nina et l'attention médiatique dont ils avaient fait les frais l'avaient rendu amère face à la célébrité.

Les lumières éblouissantes, le tapis rouge, la foule, les journalistes, Nina eut l'impression de revivre sa rencontre avec Jerry. C'est pourquoi, lorsqu'il lui tendit la main pour l'aider à sortir de la limousine, elle dut s'appuyer contre lui et retenir ses larmes.

— Ça va? lui demanda-t-il inquiet.

— Oui, fit-elle en retenant ses larmes. Je suis émotive, c'est tout.

Il lui fit alors son plus beau sourire, ses yeux bleu de mer brillaient d'amour, alors elle retomba instantanément amoureuse de lui. Il déposa un chaste baiser sur ses lèvres tandis que son regard lui promettait une mer de volupté. Elle serra sa main plus fortement et se tourna vers la foule. Les flashes fusaient de toute part mais avec Jerry à ses côtés elle se sentait prête à affronter la terre entière. Elle redressa la tête fièrement et elle leur fit un sourire éblouissant.

— Tu es sexy en diable, *muirnin*… murmura-t-il à son oreille.

Sa main suivit la chute de ses reins et elle sentit un frisson de désir la parcourir. Ils avancèrent ensuite sur le tapis rouge, posant pour les photographes et Jerry accorda une petite entrevue à la journaliste qui commentait l'arrivée des vedettes.

Jerry n'avait préparé aucun discours de remerciements croyant que Mark Rodnick serait le seul gagnant dans la catégorie *meilleure réalisation*. Effectivement, Mark monta sur scène pour recevoir son oscar en tant que réalisateur, Jerry était si fier que l'émotion lui serrait la gorge, il enlaça Nina dans ses bras les yeux humides. Les récompenses pour la meilleure direction artistique et la meilleure actrice leur avaient échappées, mais ce n'était que justice vu la grande qualité des œuvres présentées.

Le clou de la soirée était invariablement l'oscar du meilleur film. Jerry souriait en entendant les nominations et n'avait pas imaginé que son nom serait dans l'enveloppe, c'est pourquoi il ne réagit pas tout de suite. Ce ne fut que lorsque Nina le serra dans ses bras qu'il comprit qu'il était le lauréat de l'oscar du meilleur film... Il monta sur la scène comme dans un rêve, et tandis qu'il prenait la parole il revit Nina telle qu'il l'avait rencontrée, dans sa robe bleue sexy et devant son PowerPoint de statistiques... Il se ressaisit et se racla la gorge.

—J'aimerais tout d'abord remercier les membres de l'académie ainsi que toute l'équipe de production. Mark Rodnick pour ce magnifique travail; Pénélope qui nous a démontré son grand talent d'actrice ainsi que tous ceux qui ont participé de près ou de loin à ce film. Il est vrai que ce film est exceptionnel, tout comme la femme qui partage ma vie… Car ce film c'est son histoire et je suis heureux que la vérité vous soit enfin dévoilée. Pendant dix ans, elle a consacré sa vie à soigner et aider son prochain… Elle nous a donné à tous, une bonne leçon de vie. Prendre soin des autres, faire preuve de compassion est le fondement de la vie. Nous avons tous besoin les uns des autres… Nina, mon amour, c'est pour toi! dit-il en brandissant la statuette vers elle.

Helensburgh, Écosse

Février 2013

Deirdre était heureuse d'avoir les jumeaux avec elle pour quelques jours, Nina et Jerry étaient partis à Los Angeles afin d'assister à la soirée des oscars. Liam avait été malade durant la dernière semaine c'est pourquoi Nina n'avait pas voulu les amener pour le voyage. Elle avait préféré écourter leur séjour et Jerry n'avait pas insisté. Encore une fois, Maddie avait été épargnée. Cette petite avait une santé de fer alors que son frère s'avérait de nature plus fragile.

Contrairement à son habitude, Jerry était très anxieux face à ce gala tandis que Nina semblait au-dessus de tout cela. Depuis sa fausse couche et l'accident avec les paparazzis, les enfants étaient devenus son seul souci. Ça et son travail à la clinique des jeunes d'Alexandria. Elle y travaillait deux jours semaines consacrant le reste de son temps à son mari et ses enfants. Jerry appréciait de vivre au Loch Lomond, loin des médias… mais le besoin de travailler et de faire partie de l'industrie du cinéma ne l'avait pas quitté malgré leur vie recluse en Écosse.

Leur passage à la soirée des oscars avait été mémorable, Deirdre avait pleuré de joie en voyant son fils pendant son allocution. Son discours avait été si émouvant, elle espérait que cela allait enfin remettre les choses en perspective en faisant voir à tout le monde la femme merveilleuse qu'était Nina.

Deirdre venait de terminer de ramasser la table quand elle se rendit compte que seul Liam jouait dans la pièce. Elle prit Liam dans ses bras et partie à la recherche de Maddie. Cette petite était une véritable boule d'énergie alors que son frère était un enfant calme et prévisible. Maddie, espiègle comme tout, avait réussi à ouvrir la barrière qui bloquait l'accès aux escaliers qui montaient au deuxième étage.

Elle la trouva dans l'ancienne chambre de Caitlin, qui était devenue avec le temps une salle de débarras. Elle y avait entassé un vieux métier à tisser ainsi que plusieurs étagères remplies de livres poussiéreux. Une planche du parquet était soulevée et Maddie y avait trouvé une petite boite à soulier. Elle avait dû marcher sur le bout de la planche et cette dernière s'était soulevée… Deirdre lui prit la boite des mains et l'ouvra intriguée. Elle sentit les sanglots lui serrer la gorge quand elle y découvrit la petite poupée de porcelaine de Caitlin. Maddie la réclama aussitôt et la serra sur son cœur en souriant. Il y avait également le journal intime de Caitlin qui était verrouillé. Deirdre força la serrure et l'ouvrit le cœur battant.

Jerry était d'un mutisme déconcertant depuis leur retour d'Helensburgh. Ils étaient revenus de Los Angeles en matinée et Nina était pressée de revoir les enfants. Nina avait été tellement subjuguée par les enfants qu'elle n'avait pas remarqué tout de suite que quelque chose clochait. Jerry était monté à l'étage pour chercher les affaires des jumeaux, il en était ensuite redescendu quelque temps plus tard avec une Deirdre soucieuse et au bord des larmes. Ils étaient partis peu de temps après. Sur le chemin du retour, Jerry n'avait pas dit un seul mot. À son arrivée, il s'était versé une bonne rasade de whisky et la bouteille ne l'avait plus quitté.

Elle dut s'occuper des enfants seule, il avait monté les bagages et s'était enfermé dans le bureau. Il descendit souper, elle en profita pour lui poser des questions, il ne fut pas très bavard. Apparemment, sa mère avait trouvé le journal intime de sa sœur Caitlin et ils en avaient appris plus sur son suicide. Il mangea peu, son état d'ébriété témoignant de son après-midi passé à ressasser de mauvais souvenirs. Nina était mécontente de son comportement, mais elle rongea son frein afin d'éviter une dispute. Il n'était pas dans un état pour discuter. Son petit problème d'alcool devenait de plus en plus agaçant. Elle avait mis pratiquement un an à s'en rendre compte, parfois l'alcoolisme peut-être très insidieux.

Il la regarda monter avec les enfants sans faire le moindre geste pour l'aider. Une sensation d'oppression à la poitrine gênait sa respiration. Nina était en colère contre lui, mais il se sentait incapable de lui raconter ce qu'ils avaient découvert dans la chambre de Caitlin. Il se leva de table et retourna s'enfermer dans son bureau. Il allait devoir parler à sa femme, il devait tenter de réfléchir à tout ça.

1745

Les jours passaient, mais ne se ressemblaient pas. La gouverne du château occupait ses journées entières et elle profitait de ses moments rares de liberté pour parcourir les nombreux ouvrages de la bibliothèque. Elle passait également beaucoup de temps avec Mme MacFairlane la cuisinière, qui veillait à la culture de leur énorme potager et qui connaissait tous les arbustes et plantes de la forêt avoisinante. Erlina en profitait pour récolter des herbes et des fleurs de toutes sortes afin de les faire sécher et en faire provision.

Mme MacFairlane en connaissait beaucoup sur les vertus médicinales des plantes et Erlina prenait des notes dans un cahier. Elle finit par monter un herbier assez impressionnant qu'elle conservait avec toutes ses mixtures, racines, tiges, feuilles séchées, dans la chambre bleue. Malgré ses nouvelles tâches de châtelaine, elle trouvait le moyen de soigner les habitants du château.

Le vieux Ian avait un problème de jambes enflées et des maux de tête constants. Elle tenta une mixture de saule pour soulager le mal de tête et une tisane de feuilles de bruyère qui eut pour effet de le faire uriner beaucoup. Ses jambes reprirent une allure normale et les maux de tête cessèrent. Elle inscrivait tout cela dans son cahier. Innes quant à elle, n'était jamais arrivée à tomber enceinte. Elle n'avait pas de cycle lunaire, ayant ses règles quelques fois par année. Erlina décida d'essayer ce qu'elle avait lu dans les livres d'apothicaire de son père : une tisane de sauge le matin et une infusion de racine d'angélique le soir.

Elle prit l'habitude de tenir un journal quotidien de toutes ses activités au château. Cela lui permettait de faire le point. Elle écrivait le matin très tôt, dès leur lever avant que la tourmente de la journée ne commence. Elle descendait ensuite aux cuisines pour saluer tous leurs gens et déjeunait en compagnie de Dame Morgane. William quant à lui, se levait dès l'aurore et commençait sa journée plus tôt. Quand elle sortait de leurs appartements, il vaquait déjà à ses occupations seigneuriales.

William était le seigneur des terres situées à l'est du Loch Lomond qui s'étendaient jusqu'à Callander. Ces concessions appartenaient au chef du clan des Buchanan depuis des siècles, les premiers Buchanan s'étant établi à l'est du Loch Lomond en 1225. Auparavant, les habitants de ces terres étaient tous des Buchanan formant alors un véritable clan. Mais les temps avaient changés, il s'agissait maintenant pour la plupart, des fermiers ou des vachers qui payaient des redevances au Laird pour l'utilisation de ses terres.

Le titre de Laird était légué de père en fils, il s'agissait du chef du clan. Pour les paysans, le Laird était le seigneur. Ils cultivaient sa terre en échange d'une rente. Le Laird quant à lui, avait pour mandat de faire régner l'ordre et la justice au sein du domaine en plus d'assurer une protection aux paysans qui, en échange, lui fournissaient subsistance et aide.

Par un bel après-midi de juillet, Erlina se rendait aux écuries pour faire une balade à cheval. Le soleil irradiait depuis le matin et le ciel bleu agissait sur elle comme un aimant. La sœur cadette de Keith Buchanan, Eilidh, arriva en pleurs au château et se dirigea directement aux écuries à la recherche de son frère ainé. Erlina s'apprêtait à monter Jewel quand elle la vit entrer. Lorsque la jeune fille apprit de la bouche de Craig que Keith était parti à Drymen avec le Laird, elle piqua une véritable crise. Erlina tenta alors en vain de la calmer. Elle parvint à cesser le flot de larmes, mais fut incapable de lui soutirer quoi que ce soit. Inquiète, elle décida de l'amener au château. Elle la dirigea vers le salon, Dame Morgane l'ayant suivi.

— Ma pauvre chérie… Raconte-nous ce qui t'arrive… Dis-nous ce qui te tracasse tant, dit Dame Morgan, tout doucement en lui caressant les cheveux.

Eilidh était une petite nièce de Morgane, son père étant le cousin de William. La jeune fille leva les yeux vers Erlina et vit toute la douceur du monde dans ses yeux. Lady Buchanan était si belle et gracieuse, que sa proximité était troublante. Pour Eilidh et les autres jeunes filles du clan, Lady Erlina était comme une reine : parfaite et inaccessible.

Elle leur raconta que Duncan Mackinley, l'avait prise de force dans l'étable. Cela faisait plusieurs fois qu'elle subissait ses avances, mais elle avait toujours trouvé le moyen de le fuir. Mackinley avait approché le père d'Eilidh afin de la demander en mariage. Andrew Buchanan avait hésité longuement puis avait dit à Duncan qu'il avait besoin d'Eilidh pour s'occuper de la maison et de son jeune frère. La femme d'Andrew Buchanan était morte depuis quelques années et effectivement, Eilidh avait pris en charge la maisonnée alors qu'elle était âgée de treize ans à peine à l'époque. Elle était une aide précieuse au bon fonctionnement de la ferme.

Erlina fut choquée d'apprendre la triste histoire de cette jeune fille. Qui était ce Duncan Mackinley? Elle ne l'avait jamais vu. Elle était folle de rage à l'idée que ce violeur habitait leur domaine. Dame Morgan accompagna Eilidh jusqu'à l'une des chambres d'invité. Innes lui prépara un bain afin qu'elle se lave de sa souillure. Mme MacFarlaine leur parla d'un lavement au vinaigre afin de prévenir la grossesse. Erlina, ayant encore en mémoire les douleurs de la perte de virginité, était très réticente à cette idée mais Eilidh fut d'accord. Elle ne voulait pas être enceinte de ce monstre. Elle avait plusieurs ecchymoses et marques sur son pauvre corps. Il ne s'était pas contenté de la violer, il l'avait battue et attachée…

Erlina et Dame Morgane attendirent que Mme MacFarlaine et Innes ressortent de la chambre avant de retourner voir la jeune fille qui était confortablement allongée dans le grand lit. Erlina lui dit de ne pas s'en faire, quand le Laird serait au courant de la situation, Duncan Mackinley paierait pour ce qu'il lui avait fait…

William rentra en fin de journée alors que le soleil déclinait. Il revenait de l'écurie et fut surpris de voir Erlina accourir vers lui. Elle le suivit jusqu'à leur chambre et attendit qu'il referme la porte pour lui parler.

— Eilidh la jeune sœur de Keith est ici… Elle est arrivée en larmes cet après-midi, Duncan Mackinley l'a violée…

— Violée? Comment est-ce possible? J'étais avec son père et Duncan cet après-midi… Andrew a accepté de lui céder la main d'Eilidh…

— Quoi? Non!!! Il ne peut pas faire cela!

— C'est sa fille, il peut décider ce qu'il veut! De toute façon si c'est vrai ce que tu dis, c'est encore mieux ainsi car si elle tombe enceinte…

Il continua à se laver les mains et le visage comme si de rien n'était.

— Quoi? Qu'est-ce que tu dis? C'est un violeur de femmes! Il l'a violée! Elle a des marques sur son corps…

Il la regarda d'un air désolé.

— Qu'est-ce que tu veux que j'y fasse, ce sera sa femme… Il pourra en faire ce qu'il veut…

— Espèce de sans cœur! Mais c'est quoi ces hommes? En faire ce qu'il veut! Es-tu en train de me dire que tu pourrais me violer et me battre et que tu serais dans ton droit?

— Oui, car tu es ma femme… Mais je n'ai pas besoin de faire cela, puisque tu es toujours consentante…

— Je n'en reviens pas! Je ne peux pas croire que je t'ai épousé! Espèce de sans cœur! lui cria-t-elle. Elle était hors d'elle.

Incapable de contenir sa rage, elle quitta la pièce. Elle sortit et prit la direction de l'écurie, Jewel était encore sellée. Elle grimpa dessus et partit au galop.

William comprenait sa colère, mais il n'y pouvait rien. Il n'allait pas intercéder auprès d'Andrew, cela ne le regardait pas. La fureur de sa femme ne lui disait rien qui vaille, il sentit que le souper n'allait pas être de tout repos… Elle ne lâcherait pas le morceau. Il descendit, se rendit au petit salon, Dame Morgane le salua.

— Nina n'est pas là?

— Non je ne l'ai pas vue. T'a-t-elle parlé de notre invitée?

— Oui, je pense que ça va s'arranger puisqu'Andrew a accepté la demande en mariage de Duncan cet après-midi, j'étais présent…

— Quoi? Mais ce n'est pas possible… Andrew ne doit pas être au courant…

— Je n'en sais rien.

Ils passèrent à la salle à manger, Erlina n'était toujours pas là.

— Où est-elle? s'inquiéta-t-il.

— Peut-être est-elle avec la jeune fille, suggéra Morgane.

Il sortit de la salle à manger et croisa Innes. Cette dernière revenait de la chambre d'Eilidh et n'avait pas vu Erlina. William eut un pressentiment et se dirigea vers l'écurie. Jewel n'était pas dans son box... Il sauta sur Sian et partit en direction du Loch. Il longea le sentier, se rendit à son rocher mais elle n'y était pas. Il sentit son cœur se serrer, une inquiétude le gagna. Il revint au château. Malcolm était aux cuisines, il le héla pour qu'il vienne avec lui. Il n'y avait qu'un seul endroit où elle pouvait être. Ils se dirigèrent vers la ferme d'Andrew. Effectivement, Jewel était attachée près de l'étable.

— De quoi se mêle-t-elle... grogna William.

Ils frappèrent et entrèrent, Keith les accueillit avec soulagement. Erlina était en grande discussion avec Andrew qui se leva pour les saluer. William vit Duncan qui était assis au fond de la pièce et qui regardait Erlina d'un air mauvais. Il retint la colère qui montait en lui. Quand Duncan l'aperçut, il changea rapidement d'expression passant de la haine à la peur, puis à la politesse et servilité que la présence du Laird imposait.

William lui serra la main en lui écrasant douloureusement les doigts. Duncan comprit le message et se rassit, fuyant son regard et évitant de regarder Erlina. William s'assit aux côtés d'Erlina en face d'Andrew. Malcolm resta debout en retrait avec Keith.

— Continuer votre discussion, je vous prie, dit-il en fixant Erlina posément.

Elle le regarda, mais ne broncha pas. Malgré son imposante présence, il paraissait immense sur cette chaise dans cette petite cuisine, elle ne se laissa pas démonter. Elle pensa à la jeune Eilidh et trouva le courage de continuer.

— Comme je vous disais, Eilidh m'a clairement dit qu'elle ne voulait pas se marier. Elle affirme que monsieur Mackinley lui a fait de nombreuses avances et…

— Il est normal que je lui aie fait des avances, je lui ai toujours démontré de l'intérêt… Nous allons nous marier, je lui fais la cour comme tous les hommes font…

— Je doute que tous les hommes fassent la cour de cette façon! Il n'y aurait aucune femme consentante, croyez-moi…

— Lady Buchanan, si je peux me permettre, dit Andrew, je ne comprends pas votre intervention. Malgré tout le respect que je porte à vous et votre mari… Je ne vois pas de quelle façon cette histoire vous regarde…

Erlina, rassurée par la présence de William et Malcolm, décida de prendre le taureau par les cornes.

— Je vais vous expliquer pourquoi j'ai décidé de venir vous entretenir et je pense que la présence de M. Mackinley, non souhaitable au début de cet entretien, est peut-être une bonne chose après tout. Votre fille Eilidh est arrivée en larmes aux écuries du château en fin d'après-midi, j'étais moi-même dans l'écurie à son arrivée. Elle cherchait son frère Keith qui était parti avec mon époux. Elle est alors entrée alors dans un état de crise épouvantable que Dame Morgane et moi-même avons eu du mal à calmer. Elle nous a alors avoué que ce matin, Duncan Mackinley l'a violée dans l'étable.

Elle regarda Duncan avec un air de défi en levant le nez. Ce dernier serra les lèvres et lui jeta un regard haineux.

— J'avoue que ce matin, je suis venu voir Eilidh et nous avons discuté dans l'étable. Nous nous sommes embrassés et nous nous sommes laissés emportés par la passion... dit-il en la gratifiant d'un sourire caustique.

— Emportés par la passion... C'est pourquoi vous l'avez attachée et battue? Elle porte des marques aux poignets et sur tout son corps... Vous êtes un ignoble personnage, un violeur de femme et vous méritez d'être châtié!

Duncan se leva en colère et fit un pas dans la direction d'Erlina. William se leva aussitôt et lui mit la main sur le torse en le repoussant d'un air féroce.

— Attention à ce que tu vas faire Mackinley, c'est ma femme et je ne donne pas cher de ta peau si tu t'avises de la toucher...

L'homme recula de peur. Malcolm retenait Keith par le bras car il avait la rage au cœur. Andrew était resté muet devant ces douloureuses révélations.

— Duncan, rentre chez toi. Demain, je te ferai part de ma décision quant à la nature de ton châtiment, dit William d'une voix sourde.

Une fois Duncan sortit, Erlina soupira de soulagement. Andrew ne dit mot, William s'entretint en privé avec lui dans le salon. Keith la remercia discrètement. Elle lui dit qu'Eilidh était logée au château et qu'elle recevait les bons soins d'Innes et Mme MacFairlane. Ils partirent sans un mot. William l'aida à enfourcher son cheval et elle le laissa faire malgré la colère qu'elle ressentait encore à son égard. Elle l'aimait à la folie mais elle était enragée de ce qu'il avait affirmé : qu'il avait le droit de la battre et de la violer... Elle ne l'avait pas oublié.

Rendue au château, elle monta à la chambre d'Eilidh directement. William et Malcolm allèrent manger un petit quelque chose aux cuisines. William avait de la difficulté à ignorer la colère et la rage de sa femme qui semblaient maintenant dirigées vers lui. Il monta à leurs appartements attendant qu'elle vienne se coucher. Ce qu'elle ne fit pas.

La chambre bleue était séparée de la chambre du Laird par un petit parloir. Il cogna à sa porte, elle ne répondit pas. Il força la serrure sans succès. Il retourna à sa chambre, songeur. Il n'était pas certain de savoir pourquoi elle lui en voulait à ce point. Elle avait obtenu ce qu'elle voulait, Eilidh n'épouserait pas cette ordure de Mackinley.

Erlina se déshabilla et se coucha complètement nue. Elle avait l'habitude de dormir sans robe de nuit puisque William ne tolérait aucun vêtement dans leur couche. Si elle avait la mauvaise idée de mettre ne serait-ce qu'un bas, il se faisait un devoir de le lui retirer. De toute façon, elle n'avait aucun vêtement dans cette pièce puisqu'elle occupait l'autre chambre avec William. Au moins, le lit était confortable même si la nuit s'annonçait froide et terne sans sa chaude présence... Elle soupira en changeant de position. Elle n'avait pas mouché la chandelle car elle craignait de dormir seule dans le noir.

Depuis quelque temps, elle faisait toujours le même cauchemar où un homme la trainait dans une horrible cabane d'où elle tentait de s'échapper… Elle arrivait à s'évader et s'éveillait toujours au moment où il la rattrapait. Elle se serrait alors contre William, sa présence étant si réconfortante. Elle songea avec regret qu'elle allait s'en passer, du moins pour cette nuit.

Elle soupira longuement. Il avait raison, aucun homme n'avait jamais été jugé pour avoir battu sa femme. Le viol entre époux n'existait tout simplement pas. Mais, elle lui en voulait d'avoir affirmé ces faits. Venant de sa bouche c'était une véritable ignominie, elle en avait été mortifiée. William était un être tellement remarquable… Il ne ressemblait aucunement aux autres hommes, il était doux, attentionné, respectueux et la traitait comme son égal.

Elle se releva et tapota son oreiller pour lui donner un peu de volume quand elle le vit. Il était assis sur une chaise de l'autre côté du lit et la regardait tranquillement.

— William? Elle tira les couvertures sur sa poitrine d'un geste pudique.

— Tu désertes le lit conjugal?

Elle ne sut quoi répondre et détourna le regard.

— Pourquoi es-tu fâchée contre moi? demanda-t-il d'une voix douce.

Elle ne répondit pas.

— Je ne pouvais pas me mêler de cette histoire comme ça…

Elle soupira, évitant toujours son regard.

— Mais ton intervention va m'y obliger, je dois décider quelle sera la punition de Duncan. J'espère que tu réalises que cela va faire d'Eilidh une impure et que cela va jeter le déshonneur sur sa famille. Elle ne trouvera pas de mari après cela…

— Je n'avais pas pensé à ça… Mais c'était inconcevable qu'elle devienne sa femme! Imagine que Doug Campbell m'ait violée, imagine que j'aie été obligée de l'épouser!

Son visage se durcit et ses yeux se rétrécirent. Il se pencha vers elle, la regardant douloureusement.

— Je n'aurais jamais permis cela!

Il s'adossa au fauteuil en soupirant.

— Tu as raison, ma chérie… Mais je ne sais pas quoi faire… Si je le fais fouetter, tout le clan sera au courant… Il ne peut pas réparer son erreur par le mariage…   Je dois réfléchir à ce qui serait mieux pour Eilidh…

— Le mariage… Comme si on devait toutes se marier coûte que coûte!

— Toi tu ne voulais pas te marier… dit-il en la regardant tendrement.

— Non c'est vrai, mais c'était avant de me savoir amoureuse de toi, dit-elle en baissant les yeux timidement.

— Tu m'en veux encore?

— Non… dit-elle d'une voix inaudible.

— Mon amour, jamais je ne pourrais te faire du mal… je t'aime et je te respecte trop pour cela. Si tu ne veux plus de moi, je vais repartir et te laisser.

— Non, s'exclama-t-elle bien malgré elle, le mot lui avait échappé. Reste avec moi, dit-elle d'une toute petite voix.

Il s'approcha et se pencha vers elle. Elle se pendit à son cou. Ils s'embrassèrent avec passion et les vêtements de William finirent sur le sol précipitamment.

La nuit portant conseil, William avait décidé de ne pas châtier Duncan afin d'épargner l'honneur de la jeune fille. Il le condamna, par contre, à lui verser une somme d'argent en réparation en plus d'une rente mensuelle jusqu'à ce qu'elle prenne un époux. S'il s'avisait de la toucher une autre fois, il serait châtié sévèrement dans ses chairs. William fut très clair à ce sujet. Duncan accepta sa sentence avec résignation et il versa la moitié de la somme à William qui la remit à Eilidh et son père.

Eilidh demeura quelques jours au château, assez longtemps pour qu'Erlina s'aperçoive qu'une idylle se tramait entre elle et le jeune Ewen Cormack. Ewen était un palefrenier âgé de dix-huit ans. Erlina se douta que leur histoire datait de quelque temps déjà… Eilidh finit par retourner chez elle le cœur serré. Elle avait beaucoup aimé loger au château, elle s'y sentait en sécurité. Elle craignait des représailles de Duncan, mais ce dernier demeura invisible. Au bout d'un mois quand vint le moment de payer son dû, il resta introuvable. William était furieux mais peu surpris. Accompagné de Malcolm, il alla lui rendre visite mais sa demeure était déserte. Erlina piqua une colère, il s'en tirait à bon compte…

William n'avait pas dit son dernier mot. Il fit faire quelques recherches puis décida d'une date butoir, si Duncan ne donnait pas signe de vie, il prendrait sa maison qui de toute façon était située sur les terres de William. Duncan devait lui payer des redevances, sans quoi il saisirait ses biens qu'il lèguerait à Eilidh. Erlina fut satisfaite de ce décret.

Helensburgh, Écosse

Juillet 1987

Caitlin attendait avec impatience l'arrivée de Bobby, elle aimait quand il venait la chercher en moto, car cela faisait rager sa mère à tout coup. Pour ses parents, une moto était l'instrument du diable et elle était incapable de s'empêcher de les narguer. Elle les trouvait tout simplement arriérés avec leurs préjugés. Elle avait rencontré Bobby quelques semaines plus tôt à la sortie d'un bar. Elle avait été tabassée par un ivrogne et Bobby s'était porté à son secours. Elle l'avait reconnu, car depuis quelque temps, il rôdait avec sa moto près de chez elle. Il était beau garçon, un peu paumé, sans le sou, mais elle aimait les marginaux qui ne s'en laissent pas imposer.

Elle enfourcha la moto et lui encercla la taille de ses bras en soupirant. Elle se sentait prisonnière de sa vie et Bobby lui donnait l'impression d'être libre. Avec lui, sur la route, elle pourrait partir et découvrir le monde. Il n'avait aucune attache, il était libre comme l'air. Il louait une garçonnière miteuse, ne possédait rien excepté cette motocyclette et quelques vêtements. Quand elle serait prête, ils partiraient et vivraient comme bon leur semble. Il était gentil, peu bavard, mais il s'emportait facilement. Il pouvait piquer une crise de colère pour un rien. Souvent, c'était de sa faute à elle, il avait raison. Elle posait trop de questions, voulait tout contrôler. Bobby n'acceptait aucune autorité et il était le seul maître à bord. Mais il faisait l'amour comme un étalon et ils le faisaient dans toutes sortes d'endroits insolites. Ce qui répondait à la soif de rébellion de Caitlin, elle avait besoin de briser les règles établies.

Ce soir-là, elle s'était rendue chez les Boulter avec la voiture de sa mère. Elle gardait le petit Adam pour le week-end. Ils vivaient dans une belle maison près du Clyde et elle aimait bien ce petit garçon. Il était couché depuis une heure quand Bobby vint la rejoindre. Il était dans un état euphorique, il voulait aller fumer des joints avec elle sur le chemin du Réservoir. Elle refusa.

— Je ne peux pas, je dois rester avec Adam, dit-elle.

Il devint cajoleur :

— Allez Cat, nous n'avons qu'à le laisser dormir dans l'auto… C'est un super soir, le ciel est sans nuages, on voit les étoiles, ce sera vraiment...

Il l'embrassa en l'empoignant fermement. De son corps, il lui fit savoir qu'il n'accepterait aucun refus. Parfois, il pouvait se montrer violent et Caitlin craignait ses crises de colère…

Il s'engagea sur le chemin du Réservoir mais prit une direction qu'elle ne connaissait pas. Le petit Adam s'était rendormi sur la banquette arrière emmitouflé dans une couverture. Caitlin n'avait aucune idée de leur destination et elle sentait la crainte monter en elle. Bobby devenait de plus en plus agité. Il immobilisa la voiture et coupa le moteur en laissant les phares allumés. Il se tourna vers elle.

— Tu vas voir bébé, je t'ai réservé une belle surprise. Sors de la voiture et enlève tes vêtements…

— Mais… il fait froid! Et le petit pourrait se réveiller… dit-elle sur un ton faible et apeuré.

Son regard se durcit, il lui empoigna la queue de cheval en tirant très fort, elle retint un cri.

— Écoute-moi petite trainée, lui murmura-t-il, tu es mieux de faire ce que je te dis, sinon je vais tuer le petit... dit-il avec un sourire mauvais.

Effrayée, elle sortit du véhicule, mais attendit qu'il sorte avant de se mettre à exécution. Elle n'avait aucune envie de se mettre nue, la peur s'insinuait en elle et lui tordait le ventre. Il ne s'agissait plus d'un jeu. Il sortit de la voiture et prit son sac qu'il avait mis dans le coffre. Il ne la quittait pas des yeux pendant qu'elle retirait son manteau. Il s'avança vers elle, d'un air menaçant.

Journal de Caitlin Buchanan, 1987

22 juillet 1987

J'ai l'impression d'être un zombie, je continue de respirer, mais je suis incapable de faire quoi que ce soit. Je ne peux parler à personne, j'ai si peur. Si je parle, il va me tuer. Depuis samedi, il me suit de loin. Il m'a bien avertie : «Si tu parles aux policiers, tu es complice...» Je vis l'enfer; lorsque les Boulter sont revenus dimanche, je leur ai menti... Les policiers ratissent encore le fleuve à la recherche du corps, qu'ils ne retrouveront jamais. Il s'est arrangé pour que personne ne le retrouve jamais, de toute façon comment peut-on identifier des pièces détachées? J'ai tellement vomi que j'ai constamment mal à la gorge. Je suis un monstre, j'ai permis que cela se produise.

Mon Dieu, pourquoi suis-je encore en vie?

28 juillet 1987

Ma mère est constamment sur mon cas, elle est inquiète. Je bois à la cachette, je bois le soir jusqu'à ce que j'en vomisse. Le jour, je ne sors pas de ma chambre, j'ai trop peur. De lui, des policiers, de mes parents. S'il fallait que mes parents apprennent ce qui s'est passé... j'ai honte, tellement honte. Je ne pourrai pas continuer comme ça bien longtemps...

1er septembre 1987

J'ai mal. Tout est mélangé dans ma tête. Je ne vois pas comment je pourrais m'en sortir et je ne peux pas continuer comme ça... Il me laisse tranquille depuis quelque temps, je pense que c'est parce qu'il a peur d'éveiller les soupçons.

16 septembre 1987

Aujourd'hui, mon charmant frère est venu faire sa visite dominicale. Jerry, par ici, Jerry par là, ma mère est toujours en extase devant lui... Jerry va à l'université, il travaille pour payer ses études, il est toujours mieux que tout le monde. Il est tellement parfait! En plus, il se prend pour qui? Il vient me faire la morale, alors que je sais très bien qu'il a mis cette Eva enceinte... Eva Moore, une traînée qui a couché avec la moitié de la ville... Il parait que tout le monde parle de moi, que je suis une droguée, une alcoolique... Il dit qu'il s'inquiète pour moi et qu'il m'aime... S'il m'aime pourquoi croit-il ces racontars et pourquoi il ne me laisse pas tranquille? J'en ai assez!!! Pourquoi tout le monde est toujours sur mon cas? Laissez-moi tranquille...

C'est vrai qu'il m'arrive de fumer, pour oublier cette journée atroce... Oublier ce que j'ai fait... Je ne mérite pas de vivre...

27 septembre 1987

J'ai peur, je l'ai vu aujourd'hui, il me suivait avec sa moto. Que vais-je faire s'il s'approche de moi? Il est capable de tout! Je sais qu'il va recommencer... Mon dieu, aidez-moi...

30 septembre 1987

Il est venu me parler au bar ce soir. Il m'a dit d'arrêter de le fuir... J'ai eu la frousse, j'ai demandé à Paul de me reconduire à la voiture, car j'avais trop peur de le rencontrer. Il était caché sur la banquette arrière et il m'a mis un couteau sur la gorge. Il m'a fait sortir de la ville et m'a fait arrêter l'auto au bout du chemin du réservoir. Je n'ai pas pu l'empêcher, je me suis débattue de toutes mes forces. Je n'ai pas crié, car il aime les cris et les supplications et je ne voulais pas lui donner ce plaisir... Il va recommencer, il me l'a dit. C'est une petite fille cette fois-ci... Il veut que j'aille la chercher sur le chemin de l'école et que je la lui amène... Il ne va pas m'obliger à regarder, je pourrai partir, il me l'a promis. La dernière fois, il a dû m'attacher parce que je ne coopérais pas, mais là, il va être gentil. Je ne connais pas le nom de la petite, je ne dois pas savoir tout de suite, il faut attendre le bon moment.

15 octobre 1987

J'ai mal, j'ai de la difficulté à m'asseoir, ses viols sont de plus en plus violents. Ma mère n'arrête pas de poser des questions, elle est soupçonneuse. Il ne faut pas qu'elle se mêle de ça, c'est trop dangereux.

24 octobre 1987

Cette fois, il va me tuer j'en suis sûre. Car je n'ai pas l'intention de le laisser faire une deuxième fois. Je ne sais plus quoi faire, je sais qu'il est capable de tuer mes parents. Il est entré dans la maison l'autre nuit sans que personne ne s'en aperçoive. Il m'a violé dans ma chambre de petite fille, devant mes oursons en peluche. Je n'en peux plus! Granny, je t'en prie, viens me chercher, viens chercher ta petite Caitlin...

25 octobre 1987

C'est bizarre, il y a une semaine, j'avais peur de mourir. Et voilà que je ne pense qu'à ça. Je ne peux plus vivre comme ça... je n'en peux plus, il n'y a pas d'autres solutions.

26 octobre 1987

Elle s'appelle Sarah, elle a huit ans. Elle marche après l'école, sa mère l'attend à la maison. Elle est très belle, il m'a montré un polaroid. Elle a de longs cheveux blonds. Demain, je dois l'attendre au coin de la rue. Je dois lui demander de m'aider à chercher mon chien. J'ai peur, si je parle, il va me tuer et tuer ma famille. Il en est capable, il est capable de tout, c'est un cinglé. Il va venir cette nuit, il me l'a dit. Il ne me reste qu'une chose à faire... Mon Dieu je vous en prie, aillez pitié. Je n'ai pas voulu de mal au petit Adam, je ne savais pas ce qui allait se passer. Je vous demande pardon.

Greenock, Écosse

Mai 2013

La maison de Ian et Cécilia était très chaleureuse, ils étaient installés dans la salle de séjour et la discussion était animée comme toujours. Alicia Fraser, la tante d'Ian, était assise dans la salle à manger avec Deirdre, Nina était partie à la recherche de Maddie. Cette dernière était encore montée à l'étage rejoindre ses grandes cousines malgré la surveillance de sa mère. Une seconde d'inattention et voilà qu'elle était partie.

— Cécilia est montée par derrière, ne t'en fait pas, elle va la ramener, lui dit Deirdre.

— Viens t'asseoir avec nous, ma chère, lui dit gentiment Mme Fraser.

Nina s'installa avec elles, puisque Liam dormait paisiblement dans les bras de Jerry au salon.

— Notre petite Maddison est tellement vite et intelligente, elle semble plus vieille que son âge, dit Nina en souriant.

— Effectivement, dit Mme Fraser. Caitlin avait un tempérament très fougueux et rebelle dans sa précédente vie, elle l'a encore c'est évident.

— Pardon? s'étrangla Nina.

— Rappelle-toi lorsque tu as vu son fantôme, je t'ai dit qu'elle allait se réincarner bientôt... En fait, elle était venue rendre visite à sa mère... lui dit-elle tout bonnement.

Nina ne sut quoi penser, il est vrai que Maddie avait *trouvé* le journal intime de Caitlin. Mais Maddison était avant tout son petit bébé de deux ans et il était difficile de l'imaginer autrement. La trouvaille du journal de Caitlin avait remué Jerry au plus haut point. Son sentiment de culpabilité vis-à-vis la mort de sa jumelle était encore plus grand. Les policiers avaient rouvert une enquête sur la disparition de petit Adam Boulter mais ils n'avaient trouvé aucun corps, aucune preuve tangible. Jerry avait espéré que cette enquête porterait fruit, il avait été très déçu et frustré de la tournure des évènements. L'inspecteur Miller qui était responsable du dossier était avare de commentaires. Jerry doutait de son efficacité et de son dévouement pour la cause.

Étonnamment, Deirdre n'en parlait jamais et le sujet n'était jamais abordé en famille. Nina et Jerry en discutaient ensemble, elle comprenait la souffrance de son mari mais aurait préféré qu'il ne boive pas autant. Toutes les occasions étaient un prétexte pour boire : un apéro avant le repas, du vin au repas et un digestif en soirée. Malheureusement, il se contentait rarement d'un seul verre. Il tolérait si bien l'alcool qu'il n'avait jamais l'air saoul. Il semblait toujours en possession de ses moyens, seule son haleine le trahissait. Elle était perdue sans ses pensées quand elle s'aperçut que Mme Fraser l'observait.

— Les hommes écossais ont presque tous un petit problème d'alcool, il ne faut pas s'en faire. Il ne perd jamais la tête c'est tout ce qui compte, lui dit-elle.

Nina la regarda estomaquée, elle n'avait pas dit mot. Cette femme lisait dans ses pensées. Ce pouvait-il qu'elle s'en fasse pour rien? Il est vrai que les hommes qu'ils connaissaient buvaient également. Par exemple : Ian, lorsqu'elle le voyait dans des réunions de famille, il avait toujours un verre à la main et pendant la rénovation de Buchanan House, il avait trinqué avec Jerry dès que l'occasion se présentait… Par contre, elle ne pourrait jamais accepter qu'il conduise sous l'effet de l'alcool. Il s'était résigné à la laisser conduire lorsqu'elle le lui demandait.

Cécilia descendait les escaliers avec Maddie dans ses bras quand la sonnerie de la porte retentit. Elle s'y rendit tout naturellement. Au même moment, Ian se leva.

— Ce doit être David, un de nos employés, il vient chercher des clés.

Cécilia ouvrit la porte, un homme se tenait sur le seuil. Cheveux courts brun, barbu. Maddie se mit à crier :

— Bobby! Bobby!

Cécilia recula vivement tandis qu'Ian s'avança pour remettre un trousseau de clés à l'homme qui était resté figé de surprise. Il prit les clés et déguerpit aussitôt. Ian referma la porte, se retourna et vit l'air effaré de tous. Malgré ses gazouillis de bébé, Maddie arrivait à dire quelques mots très francs. Et ils avaient tous compris : Bobby. Jerry était debout, il avait déposé Liam sur le sofa.

— Qui est cet homme? demanda-t-il d'une voix incertaine.

— David McQueen… Ça fait un mois qu'il travaille pour moi.

— D'où vient-il? demanda encore Jerry.

— De Dundee, pourquoi?

— Il est peut-être parent avec Bobby McQueen?

Ian resta dans l'entrée, interdit. Ils n'avaient jamais discuté de tout cela en famille, Cécilia lui avait raconté, mais… Ce pourrait-il que Dave soit le fameux Bobby? Il regarda Cécilia qui avait blêmi, elle le regardait de ses grands yeux. Nina lui avait arraché Maddie des bras. Maddie regarda sa maman, lui toucha la joue et dit :

— Bobby.

Jerry fut parcouru d'un grand frisson.

Loch Lomond 1745

L'été tirait à sa fin et les jours raccourcissaient, prémisse d'un automne qui n'allait pas tarder. Ils avaient eu vent des affrontements qui se préparaient. Bonnie Prince Charlie avait débarqué en Écosse au courant du mois de juillet et les troupes de l'armée britannique se préparaient à la guerre. Les Jacobites avaient formé une armée de plus de 3000 highlanders et ils marchèrent sur Perth, puis Édimbourg. Jacques François Stuart fut alors proclamé James VIII, Roi d'Écosse. Son fils, le Prince Charles entra triomphalement à Holyrood Palace pour y établir sa cour.

Les Jacobites triomphèrent à la bataille de Gladsmuir le 21 septembre et cela ne fut qu'un début de la conquête de l'Écosse et du nord de l'Angleterre par l'armée Jacobite. Le Roi George rapatria les bataillons d'infanterie, de cavalerie et d'artillerie qui étaient partis guerroyer en Flandres sous la gouverne de son fils, le Duc de Cumberland.

Le frère de Ranald, John MacNab avait été fait prisonnier par les Jacobites et il était détenu au château de Doune. L'automne s'annonçait sanglant mais heureusement les affrontements étaient loin du Château Buchanan et du Loch Lomond. La vie continuait son cours paisiblement, mais William restait sur ses gardes.

Octobre s'amorçait avec son panorama de couleurs et ses journées peu ensoleillées. William était sorti avec John et Keith à Drymen pour affaire. Erlina était au potager en train de cueillir les derniers légumes de cette fin d'été quand Ewen arriva en trombe. Des hommes à cheval étaient dans la cour du château et demandaient à voir le Laird. Erlina se précipita à ses trousses, un étrange pressentiment lui sciant le ventre.

Il s'agissait de John Campbell, Sheriff de Stonefield, il fut très poli. Il affirma vouloir s'entretenir avec Laird William James Buchanan d'une affaire importante. Elle l'invita à entrer et l'accompagna au salon. Dame Morgane vint aux nouvelles et ne put cacher son inquiétude. Erlina avait envoyé quérir William qui devait être sur le chemin du retour, Drymen n'étant qu'à une trentaine de minutes à cheval.

Il ne tarda pas, entra et se dirigea directement vers le salon. Le Sheriff lui demanda un entretien en privé, il connaissait William et était un peu mal à l'aise de ce qu'il s'apprêtait à faire. William demanda à Erlina et Dame Morgane de les laisser.

— J'imagine que tu te doutes de la raison de ma venue…

— Je n'en suis pas certain, vas-y je t'écoute…

— Je viens t'arrêter pour haute trahison à la couronne. Mais avant de t'escorter à la prison, je voudrais te poser quelques questions.

William resta de marbre, mais ses traits se durcirent.

— Étais-tu au courant que ton épouse est la petite fille de l'armateur Daniel O'Neil qui a soutenu Jacques Stuart contre le Roi?

— Oui.

— Étais-tu au courant que son oncle Alexander O'Brien est un jacobite?

— Non pas avant d'aller lui rendre visite à Invergarry.

— Étais-tu au courant que ce même Alexander O'Brien est cousin du Vicomte de Clare, Charles O'Brien? Celui-là même qui a aidé Charles Stuart à s'introduire dans les Hébrides le 23 juillet dernier?

— Je sais qu'ils sont cousins, mais je n'avais aucune idée du rôle de Lord Clare dans cette histoire.

— Pourquoi êtes-vous allé à Invergarry en juin dernier?

William soupira.

— Dans un premier temps, je voulais aller voir l'abbé O'Brien pour lui demander la main de sa nièce. Mais, afin de préserver l'honneur et la sécurité de Lady Erlina, nous nous sommes d'abord mariés… Et elle m'a demandé d'aller voir son oncle qui était sa seule famille.

— Vous avez reçu Lionel de Boran ici même en mai dernier.

— Oui.

— Il arrivait de Nantes, n'est-ce pas?

— Oui, mais il avait tout de même séjourné quelque temps chez le Duc d'Argyll à Inveraray. Le Duc pourra en témoigner.

Le Sheriff tiqua, mais il continua ses allusions. William voyait très bien où il voulait en venir.

— N'es-tu pas allé porter un message à Dugald MacDonnell de Glengarry, lui qui avait envoyé son fils en France porter une missive à Charles Stuart?

— Non. Je n'avais aucun message. Nous sommes allés visiter l'oncle de mon épouse et ma sœur Isla.

— Mais tu as parlé à Dugald MacDonnell…

— Oui comme tout chef de clan qui se respecte, je me devais d'aller le saluer. Mais peut-être m'a-t-il pris pour un espion… Il a été très froid et très bref. Nous ne sommes restés qu'une journée à Invergarry.

— Ta sœur n'est-elle pas l'épouse de Robert MacDonnell chef de bataillon sous Charles Stuart?

— Oui. Mon père Georges Buchanan a toujours tenu à ce que le clan des Buchanan demeure neutre. C'est pourquoi j'ai épousé une Lady Campbell et que ma sœur a épousé un MacDonnell de Glengarry. Ma sœur ainée est l'épouse du Baronnet Walter de

Menzie tandis que ma sœur la plus jeune est l'épouse de Ranald MacNab.

— Lorsque vous êtes allé voir Alexander O'Brien à Invergarry, as-tu porté un message à Dugald MacDonnell?

— Non.

— Peut-être avais-tu un message pour ta sœur et son mari? Ou encore pour Alexander O'Brien de la part de son cousin Charles O'Brien, vicomte de Clare?

— Non. Je suis allé à Invergarry pour les raisons que je viens de t'expliquer. Je n'ai rien à ajouter.

— D'accord. J'ai besoin de questionner ton épouse.

— Je ne crois pas que ce soit nécessaire, dit William d'une voix dure et sans appel.

— Pour corroborer tes dires, je crois que cela est essentiel…

— Même si elle affirme la même chose que moi, est-ce que cela va m'innocenter?

— Non, les preuves parlent d'elles-mêmes.

— Dans ce cas, je ne vois pas l'intérêt. Je refuse.

William voulait éviter qu'elle soit elle aussi accusée de trahison.

— Qui vous accompagnait lors de ce voyage?

Il réfléchit vite : Malcolm devait rester ici avec Craig. Ils devaient protéger Nina et assurer la gouvernance du château.

— John Gibbs et Keith Buchanan.

— Ils sont donc tous les deux en état d'arrestation. Je vais te demander de sortir et de n'opposer aucune résistance, de cette façon ta charmante épouse en sera moins choquée… Pas la peine d'ajouter William, que je ne vais pas arrêter ta femme. Si vous coopérer et ne faites aucun tumulte, je peux épargner ton épouse et sa servante. Le Duc d'Argyll n'a fait aucune mention de Lady Buchanan. À part sa famille, elle n'a fait aucun outrage, pour le moment…

William comprit le message, Erlina était épargnée mais elle devait rester tranquille. Il craignait qu'elle ne s'emporte et qu'elle affirme certaines choses pour essayer de le protéger. Il connaissait trop bien son caractère bouillant…

— John, j'ai une faveur à te demander... en souvenir du bon temps qu'on a passé ensemble... dit William à voix basse.

— Quoi?

— Je vais vous suivre, ainsi que mes hommes sans problème. Mais ne me mettez pas les chaînes, vous les mettrez quand nous serons loin du château... Je t'en prie, je veux éviter que ma femme ne fasse une scène... Je ne veux pas qu'elle soit au courant tout de suite.

John comprit qu'il voulait la protéger. Elle pourrait elle aussi, être mise aux fers...

— D'accord.

Ils se serrèrent la main.

— Je suis désolé, William.

— Où m'amènes-tu?

— Au Château de Dumbarton. Tu sais que c'est Arnie qui est gouverneur de la prison?

— T'es sérieux? Arnold Montrose?

— Oui! Et je pense qu'il va être très heureux de te revoir…
dit John en retenant un sourire.

Dumbarton, 1745

William et ses hommes avaient été amenés au château de Dumbarton qui faisait office de prison. Lorsque William avait quitté avec John et Keith, il disait qu'il s'agissait d'un malentendu et qu'il devait aller régler cela avec le Sheriff. Ils avaient été avares d'informations et Erlina n'avait rien obtenu de plus. Elle avait serré longuement son époux dans ses bras, sentant que quelque chose de grave se tramait. Cela faisait maintenant trois jours et elle venait de recevoir un message : il était maintenu prisonnier au Château de Dumbarton.

Il fallait à peine une journée à cheval pour s'y rendre et Erlina voulut partir sur-le-champ mais ils réussirent à la convaincre d'attendre le lendemain matin. Elle ne dormit pas de la nuit, ressassant des idées franchement noires. Malcolm, Craig ainsi qu'Ewen l'y accompagneraient. Dame Morgane la serra dans ses bras, elle n'avait pas trouvé les mots pour l'en empêcher. La voir partir ainsi à dos de cheval alors que William était détenu en prison la rendait malade.

Ils arrivèrent à Dumbarton en début d'après-midi, Malcolm s'adressa aux gardes de la grille. Il demanda audience au Gouverneur de la prison, Lord Arnold Montrose, au nom de Lady Erlina Buchanan. Ils attendirent plus d'une heure. Ce dernier accepta de les recevoir curieux de rencontrer cette fameuse Lady Buchanan. Les rumeurs de sa beauté s'étaient rendues jusqu'à ses oreilles.

Un Laird qui avait épousé sa pupille, irlandaise de surcroit, il s'agissait d'une histoire croustillante qui avait alimenté les ragots de la haute société pendant de nombreuses semaines. Et voilà qu'elle s'était avérée être la nièce d'un prêtre catholique Jacobite et que le Laird en question était coupable de haute trahison… L'histoire se corsait et devenait franchement palpitante.

Ils furent escortés par deux gardes armés. Malcolm et elle avaient été invités à entrer, les autres ayant dû rester en dehors de l'enceinte du château. Ils prirent l'immense escalier central et montèrent au second étage, longeant le couloir de gauche. Erlina frissonna, tout le bâtiment respirait la haine et la souffrance comme si les pierres en étaient imprégnées. Le froid et l'humidité vous mordaient les os. Lugubre, il n'y avait pas d'autres mots. Son cœur se serra à l'idée que William, John et Keith croupissaient quelque part dans l'enceinte de ces murs. Ils entrèrent dans le bureau du Gouverneur qui était meublé si luxueusement, qu'on oubliait presque la morbidité des lieux.

Le Gouverneur était un homme jeune, une trentaine d'années tout au plus, grand et mince. Il avait des manières aristocratiques, parlait un anglais parfait et sa barbe taillée finement lui donnait un air masculin malgré ses manières efféminées. Il serra la main mollement de Malcolm lui adressant un regard intéressé et s'inclina devant Erlina en lui baisant la main délicatement. Curieusement, il avait fait semblant, car elle ne sentit aucunement ses lèvres toucher sa peau.

— Madame, vous me faites honneur de votre présence…

— Lord Montrose, dit-elle en s'inclinant à son tour.

— Que puis-je pour vous, ma chère amie?

Elle n'aima pas son ton familier, ils ne se connaissaient pas et ils étaient loin d'être amis… Elle se racla la gorge pour se donner contenance.

— Je suis venue vous entretenir de la situation de mon époux, Laird William Buchanan. Il a été incarcéré sous de fausses accusations…

— Madame, je vous arrête… Il a été jugé coupable de haute trahison à la couronne par le Sheriff de Stonefield après une enquête fastidieuse. Sa culpabilité a été reconnue… Et j'ajoute même que l'on chuchote qu'il a porté le chapeau pour *vous* protéger…

— Oh! s'exclama-t-elle choquée.

— Alors Madame, à moins de vouloir prendre sa place, je crois que je ne peux rien pour vous.

Elle pâlit sous la menace, mais se ressaisit aussitôt.

— Il est vrai qu'en fait je ne connais pas exactement la nature des accusations et la condamnation qu'il a reçue… C'est pourquoi vous me trouvez si ignorante… Tout ce que je sais c'est qu'il est maintenant détenu ici… Pour combien de temps, dites-moi?

— Pour très longtemps, j'en ai bien peur... Au moins cinq ans, j'imagine….

Elle sentit les larmes lui piquer les yeux, mais resta calme. Elle ne devait pas se montrer faible.

— Bien, j'aimerais vous demander la permission de venir le visiter. Quelles sont ses conditions de détention?

— Il est dans l'aile des voleurs et des traîtres, il occupe une cellule avec une vingtaine d'autres hommes. La prison est surpeuplée et il n'y a pas d'endroit pour recevoir des visiteurs, c'est pourquoi je dois vous refuser le droit de visite.

— Lord Montrose, êtes-vous en train de me dire que je ne verrai pas mon époux pour les cinq prochaines années? Admettez qu'il s'agit d'une situation on ne peut plus déplorable... J'ai peine à croire, qu'un homme de votre qualité puisse être assis galamment à mes côtés et ainsi me dire sur le ton de la conversation que parce que vous n'avez pas de pièce de libre, je ne pourrai pas parler à mon époux?

Il la regarda surpris et jeta un regard au highlander qui l'accompagnait, il était resté stoïque, mais un haussement de sourcils l'avait trahi. Arnold Montrose connaissait William, ils avaient étudié ensemble avant que William ne s'embarque dans la marine marchande et qu'Arnold ne choisisse une carrière militaire. William avait toujours été d'une beauté époustouflante. Arnold lui avait voué, dès le départ, une adoration sans borne dans le plus grand secret. Quand il avait su qu'il deviendrait un de ses prisonniers, il en avait eu le souffle coupé. À son arrivée à Dumbarton quelques jours plus tôt, il l'avait rencontré dans le privé. Il était encore plus beau que dans son souvenir, viril et si puissant malgré les fers qui lui liaient les poings et les chevilles… Il était perdu dans ses pensées impures lorsque Lady Buchanan le ramena sur terre.

— Lord Montrose? Puis-je compter sur votre collaboration?

— Bien sûr! dit-il avec empressement, réalisant soudain qu'il n'avait aucune idée de ce qu'il venait de lui promettre…

— Donc je peux le voir maintenant? Je vais revenir chaque semaine, cela vous laissera le temps de trouver un endroit pour la visite…

— Mmm, répondit-il.

Il soupira en leur demandant d'attendre et sortit du bureau. On entendait des bribes de conversation dans l'antichambre puis il revint.

— Lady Buchanan, pour aujourd'hui vous devrez vous contenter de le voir dans la cellule commune. Vous le verrez du couloir. Revenez demain à la même heure et je pourrai vous arranger quelque chose. Mais il est hors de question que vous veniez sur une base régulière. Je fais une exception à la règle aujourd'hui parce que je connais William depuis longtemps et je comprends que vous lui avez tourné la tête. Je suis convaincu qu'il n'est pas un traître… dit-il en lui jetant un regard accusateur.

Elle prit le blâme dignement, heureuse au fond de son cœur d'avoir eu une petite victoire… Ce serait un bon début, il ne la connaissait pas s'il pensait qu'elle abandonnerait au premier revers…

Ils montèrent au troisième étage et prirent le couloir nord. Erlina compta les portes afin de se rappeler exactement où ils étaient détenus. Si jamais, ils tentaient une évasion… Étrangement, Lord Montrose avait tenu à être présent, peut-être voulait-il s'assurer de sa sécurité. Ils arrivèrent au bout de l'aile et s'arrêtèrent devant la dernière cellule.

— Buchanan! hurla le garde. T'as de la visite!

Erlina cherchait parmi les hommes puis elle le vit, il dépassait les autres d'une tête. Il était appuyé sur le mur du fond un genou remonté, le pied sur le mur dans une position indolente. Il leva la tête au cri de son nom et regarda vers eux, son regard s'illumina quand il la vit et il s'approcha rapidement de la grille. Elle faisait de même quand un homme puant se jeta devant elle.

— Beau brin de fille! Buchanan c'est ta femme? Il avait une haleine épouvantable et Erlina se recula involontairement.

— Je sors le mois prochain, tu veux peut-être que j'aille l'honorer à ta place!

Il fut tiré vers l'arrière brusquement. Il se retrouva coincé contre le mur une chaîne autour de la nuque. William le tenait fermement au bout de ses bras et lui écrasait la gorge de ses chaînes qu'il avait aux poignets. L'homme devint violet.

— Pas si tu es mort, MacGregor!

Soudain, il le relâcha. John et Keith étaient chaque côté de lui, menaçants. William le poussa fortement, l'homme tomba.

— Si tu la regardes une autre fois, je te tue!

— Du calme Buchanan! L'homme toussait et se tenait la gorge. Pas moyen de faire des farces…

Il alla s'asseoir au fond de la cellule et ne regarda pas Erlina une seule fois. Tous les hommes détournèrent le regard, l'avertissement avait été très clair… William vint tout près d'elle, lui toucha le bras du bout des doigts, les chaînes et les fers l'empêchant de faire plus.

— Nina, que fais-tu ici?

Il vit Malcolm derrière elle, ce qui le rassura. Il lui fit un signe de tête en guise de salutation.

— Oh William! Je suis désolée… Tout est de ma faute…

Elle passa sa main au travers des barreaux pour le toucher, il serra sa main doucement. Elle ne l'avait jamais vu dans cet état, ses cheveux étaient gras, ses vêtements crasseux et elle voyait plusieurs ecchymoses sur son visage…

— Qu'est-ce que tu racontes? Tu n'y es pour rien, ma chérie. C'est une histoire entre le Duc et moi…

Ils se regardaient douloureusement, se sentant observés. Ils chuchotèrent.

— Je t'aime William… Je ne sais pas quoi faire…

— Il n'y a rien que tu puisses faire.

Elle sentit les larmes couler sur ses joues, elle le regardait impuissante.

— Ne pleure pas ma chérie. Je ne veux pas que tu reviennes ici c'est trop dangereux! Tu dois te couvrir, éviter de te montrer comme cela... fit-il en regardant son décolleté.

Sa robe de couleur bordeaux lui allait à ravir et son décolleté laissait voir ses formes affriolantes, ses longs cheveux auburn cascadaient sur ses épaules, elle était délicieuse comme toujours. Elle ne devait pas revenir, elle s'attirerait des problèmes et il ne pourrait pas la protéger.

— Vous devez partir maintenant, dit Lord Montrose.

William ne s'était pas aperçu de sa présence, il jeta un regard dans le couloir pour voir qui l'accompagnait.

— Merci de m'avoir permis de voir ma femme, lui dit-il reconnaissant.

— Je dois dire qu'il est difficile de résister à sa volonté...

— Oui... dit William en souriant, quand elle avait quelque chose en tête...

Ils s'embrassèrent à travers les barreaux et elle dut le quitter le cœur lourd. Mais à l'idée de le revoir le lendemain, elle se sentait déjà mieux. Quant à Lord Montrose, le sourire reconnaissant auquel il avait eu droit lui avait fouetté les sens.

Comme prévu, elle revint le lendemain. Elle avait mis un manteau par-dessus sa robe afin de cacher son décolleté comme William lui avait demandé, elle avait tressé ses cheveux et les avait remontés en un haut chignon. Sa robe était de couleur marine et son manteau noir. De cette façon, elle n'attirerait pas l'attention, croyait-elle innocemment. Mais sa beauté était telle, que même en robe de bure, elle aurait eu l'air sexy. On les dirigea vers une minuscule pièce du rez-de-chaussée tout près de l'escalier principal.

Dans ce parloir, il y avait une table, deux chaises et une meurtrière qui laissait entrer un peu de lumière. Elle attendit avec Malcolm nerveusement. La porte s'ouvrit et deux gardes entrèrent avec William, ils lui avaient enfoncé un sac de toile sur la tête. Quand ils retirèrent le sac, il fut très surpris ne s'attendant pas à la voir. Il avait cru que c'était encore Arnold Montrose qui le faisait amener à son bureau. Ce dernier lui avait fait d'étranges propositions que William avait repoussées posément. Il se demandait si la visite de Nina n'était pas un nouveau jeu et s'il ne finirait pas par en payer le prix.

Ils l'enchaînèrent au mur du fond, elle n'avait pas remarqué qu'il y avait là des anneaux de fer. Ses chevilles et ses poignets y furent attachés et les gardes quittèrent la pièce. Il paraissait immense et occupait la pièce complètement. Sa puissance et sa force brute malgré les chaînes qui l'encombrait, se dégageaient de sa personne comme s'il les narguait. Même réduit à l'esclavage, les chaînes aux pieds, il paraissait invincible et réussissait à imposer un certain respect...

— Je vais rester derrière la porte, dit Malcolm en sortant.

Elle se précipita vers William, il recula sa tête afin de l'éviter.

— Non! Je suis plein de vermines... Ne t'approche pas trop...

— Quoi? Tu veux dire que tu as des poux?

— Oui entre autres...

Elle lui prit tendrement la tête entre ses mains et dut se mettre sur le bout des pieds pour l'embrasser sur la bouche. Il répondit tendrement à son baiser.

— Je me fou que tu sois couvert de bestioles ou d'autres choses... Je t'aime mon amour... Je vais trouver le moyen de te faire sortir d'ici...

— Non Nina, tu ne pourras pas. Il est hors de question que tu tentes quoi que ce soit! Je ne vais pas m'évader et je vais rester le temps qu'il faut.   Si j'ai une bonne conduite, je pourrai être libéré plus vite... Je dois penser à votre sécurité.   Même si je suis en prison, je demeure Laird et nos terres ainsi que nos biens sont protégés. Si je deviens fugitif, je perds tout!

— Mais c'est injuste! Tu n'as pas trahi personne! C'est faux et tu le sais autant que moi...

— Les apparences sont parfois trompeuses, il est vrai que mes agissements des derniers mois peuvent avoir paru suspects et le Duc en a profité pour me faire payer la mort de sa fille.

— C'est donc ça... Je vais aller le voir ce Duc...

— Non, Nina non! dit-il d'une voix grave et menaçante. Tu n'iras pas le voir, il pourrait te mettre en prison pour haute trahison toi aussi! Si tu vas en prison, personne ne pourra plus te protéger... Imagine si tu portes un enfant... Tu ne peux pas prendre ce risque... Approche plus près...

Ce qu'elle fit et il l'embrassa comme lui seul avait le secret, elle devint complètement fébrile, se pressant contre lui. Il ne pouvait pas la serrer dans ses bras, c'était une véritable torture, la voir si près, la sentir et ne pas pouvoir la caresser... Elle se colla contre lui et le serra dans ses bras. Il soupira douloureusement.

— Je vais revenir te voir...

— Nina chérie, tu ne peux pas venir tout le temps ici, c'est dangereux... Ce n'est pas une place pour une femme.

— Mais William, je ne peux pas vivre sans toi...

— Oui, tu le peux, et tu le *dois*... Je ne sais combien de temps je vais croupir ici, je ne veux pas que tu risques ta sécurité en venant. Tu dois retourner à Buchanan Castle et y rester. Tu dois maintenir les affaires en ordre avec Malcolm et vous devez vous assurer que tout fonctionne bien pour tout le monde. En mon absence, Malcolm a tous mes pouvoirs et tu dois participer à la gouverne du château et des terres. Si je te sais en sécurité au château, ce sera plus facile pour moi que de t'imaginer sur la route de Dumbarton... Des Doug Campbell il y en a partout...

Elle pleura en lui caressant le visage, il réussit au prix d'un effort surhumain à ne pas verser de larmes, il voulait paraître sûr de lui afin qu'elle suive ses directives. S'il s'effondrait, elle reviendrait et tenterait de le voir et de le sortir de là. Il l'aimait plus que tout et voulait son bonheur avant tout. Elle ne devait pas revenir, les hommes de la prison ne parlaient que d'elle et de sa beauté. Il rageait juste à penser au regard des gardes qui l'avaient déshabillée des yeux la veille. Son manteau s'était ouvert et il voyait sa douce poitrine se soulever à chaque respiration. Il sentit le désir monter en lui et sa virilité se gonfler doucement. Il devait se retenir, les gardes pouvaient revenir à tout instant. Elle l'embrassa encore.

— Nina, je t'en prie, laisse-moi…

— Non William, l'implora-t-elle, ne me repousse pas…

— Tu dois partir, c'est trop difficile… J'ai besoin de toi comme un homme a besoin de sa femme et je suis enchainé, à la merci des gardes…

— D'accord… je t'aime, chuchota-t-elle en lui caressant la joue une dernière fois.

Château de Dumbarton, janvier 1746

Plus de trois mois avaient passé depuis la visite d'Erlina, elle lui manquait atrocement. Il avait reçu plusieurs lettres de sa main, elle lui racontait son quotidien au château et cela l'aidait à ne pas sombrer dans la dépression ou la folie. Il pouvait aisément imaginer la matrone Mme MacFairlane courir après le jeune Andrew qui avait volé une tarte et tomber tête première dans le bassin des chevaux… Ou encore le vieux Ian plonger dans l'eau glaciale pour essayer de réparer le moulin et en ressortir nu alors que son vieux caleçon rapiécé était resté coincé et remontait avec la roue…

Cet après-midi-là, ils l'amenèrent dans une nouvelle cellule où ils le laissèrent seul. Il y avait là un lit de camp avec un matelas de paille, une cuvette et une table avec deux chaises. On lui avait même laissé quelques livres et tout ce qu'il faut pour écrire. Il crut qu'il s'agissait d'un cadeau empoisonné de Lord Montrose. Il allait revenir à la charge, c'était évident. Il resta méfiant, mais au bout de deux jours, il demanda au jeune garde qui lui amenait sa nourriture pourquoi il était là.

— Quoi, tu n'es pas au courant? Il semble que tu sois tombé dans les bonnes grâces du Duc, il a envoyé de nouvelles consignes à ton sujet... Tu as maintenant ta cellule personnelle, un prisonnier de marque, comme on dit...

— Mon Dieu! Et ma femme? Qu'ont-ils fait de ma femme?

— Ta femme? Quel est le rapport?

Il alla s'asseoir sur son lit et se prit la tête dans les mains. Nina avait dû aller le voir et ils l'avaient arrêté. Arnold saurait quelque chose...

— Hé! Hé! cria-t-il au jeune garde, mais il était déjà parti.

Il attendit tout l'après-midi que quelqu'un daigne venir afin de demander à parler à Lord Montrose. Au lieu de lui amener à manger, on vint dans sa cellule et on l'enchaina aux anneaux de fer au pied de la table, il pouvait s'asseoir et se tenir debout sans problème, mais ne pouvait plus se déplacer dans sa cellule. Il leur demanda pourquoi on l'enchainait de la sorte, mais n'obtint aucune réponse. Ils lui amenèrent un bol d'eau chaude, un savon à la lavande et du linge propre. Il demanda à parler au Gouverneur, mais le garde ne répondit pas.

— Lave-toi et change-toi... T'as de la visite... une grande dame... Sois galant et ne t'avise pas de lui déplaire...

Il avait entendu parler d'histoire de femmes de la haute société qui venaient prendre leur plaisir avec des prisonniers. Peut-être que sa nouvelle cellule individuelle faisait de lui une cible de choix? Toujours est-il qu'il fut heureux de se décrasser et de se changer. Pour ce qui est de la dame, il ne savait pas trop quoi faire. Il pourrait lui dire qu'il était marié et amoureux fou de sa femme. Le garde vint reprendre le bol et les vêtements sales.

— Eh bien! Ça ne t'a pas fait de tort à voir la couleur de l'eau... Tiens-toi prêt, elle va arriver.

Il attendit nerveusement, une chandelle allumée sur la table éclairait faiblement sa cellule et il ne pouvait pas voir qui arrivait dans le couloir. On ouvrit la grille et une femme habillée d'une longue cape noire entra. On referma la grille derrière elle.

— Nous vous laissons milady… Si vous avez besoin sonnez la cloche nous serons à l'autre bout du couloir.

Elle avait une cloche en laiton dans la main qu'elle déposa doucement sur la table. Un énorme capuchon lui cachait le visage, il ne pouvait pas voir ses traits.

— Milady… fit-il en faisant une légère révérence sans la quitter des yeux.

Elle baissa la tête en signe de salutation.

— Votre mari sait-il que vous êtes ici?

— Pas encore, mais cela ne saurait tarder, répondit une douce voix.

Cet accent irlandais, il l'aurait reconnu entre mille! Elle retira son capuchon et lui fit son plus beau sourire. Il sentit son cœur palpiter et ne put retenir un rire heureux. Elle se jeta sur lui et il la serra dans ses bras si fort qu'elle en eut le souffle coupé. Il l'embrassa doucement puis passionnément.

— Nina mon amour, je t'aime…

— William! Je t'aime…

Il défit le nœud de sa cape et caressa sa poitrine au travers de sa robe tandis qu'il l'embrassait à pleine bouche. D'un bras, il la tenait par la taille et de l'autre il avait réussi à dénuder un sein qu'il saisit de sa bouche chaude.

— Oh! gémit-elle.

— Ma chérie… ces petits sons que tu fais quand on fait l'amour m'ont tellement manqué…

Il embrassa son autre mamelon et le mordilla tendrement, elle poussa un autre petit cri. Il rit dans sa gorge.

— Nina, je veux te faire l'amour…

— Oh! Oui… personne ne viendra tant que je ne sonnerai pas la cloche…

— Dans ce cas, prends la cloche et va la déposer là-bas dans le coin…

Ce qu'elle fit en riant et revint aussitôt le retrouver. Il la reprit dans ses bras et l'embrassa encore puis il la coucha sur la table, relevant sa robe afin de caresser ses cuisses.

— Mmm… fit-elle.

Il l'embrassa encore tout en insinuant ses doigts dans sa fente humide. Il la caressa doucement, il la désirait tellement… Il s'assit sur la chaise entre ses cuisses et entreprit de lui faire l'amour de sa bouche et de sa langue tout doucement. Elle gémissait de bonheur en tenant sa tête entre ses mains. Elle avait un goût de miel, il avait l'impression de gouter un fruit trop mûr et juteux, elle était savoureuse. Ses petits cris vinrent à bout de lui et il se releva et baissa sa culotte pour la pénétrer sauvagement d'un coup de reins. Elle se cambra pour mieux l'accueillir et noua ses jambes autour de sa taille. Ils accordèrent leur corps pour un rythme enlevant qui les fit jouir merveilleusement. Elle le retint sur elle de longs instants, profitant de ce bonheur si bref et fragile…

— Tu es beau avec tes cheveux courts… et tu as l'air sauvage avec cette barbe…

Il la regardait de ses beaux yeux turquoise et lui sourit, sa barbe rendait ses yeux plus lumineux encore. Elle lui donna un baiser sur les lèvres.

— Tu m'as manqué, le lit est immense et si froid sans toi…

Il eut un sourire désolé. Il se releva et s'assit sur la chaise, l'invitant à s'asseoir sur ses genoux.

— Raconte-moi ce qui se passe, dit-il gravement.

— Eh bien… ne sois pas fâché…

Il leva un sourcil attendant la suite, qu'il devinait aisément…

— J'ai trouvé dans la chambre bleue, le journal intime de Fiona. Je l'ai lu et comme cela relatait une histoire d'amour entre une femme et son mari, elle t'aimait vraiment et mon chéri, je pense que tu as été un époux merveilleux avec elle malgré les malheurs qui s'étaient acharnés sur vous…

— Et…

— Je suis allé à Inveraray. Malcolm ne voulait rien savoir mais lorsque je suis partie avec Jewel, il m'a accompagné à contrecœur car il disait qu'il t'avait promis de me protéger. Il fait dire qu'il ne peut pas me protéger de moi-même…

Elle sourit. Il la regardait attendant la suite.

— J'ai demandé à être reçu par le Duc d'Argyll, mais il refusa. Je tentai ma chance auprès de la duchesse en parlant du journal de sa fille. Elle a accepté de me recevoir et elle a été très gentille. Elle a convaincu son mari de me rencontrer et là je leur ai tout raconté. Ma fuite de l'Irlande et ma rencontre avec toi. Mon oncle qui est devenu jacobite, le fait que je t'ai fait promettre d'aller le voir. Je leur ai remis le journal de Fiona, que la duchesse a reconnu, car c'est elle qui le lui avait offert. Ils m'ont invité à dîner et nous avons passé la nuit dans leur manoir. Le Duc a lu le journal toute la nuit et au matin, il m'a reçu dans son bureau pour me remercier de lui avoir permis de comprendre la mort de leur fille. Il croyait à tort que tu l'avais assassinée. Tu sais que sur la dernière page de son journal, elle dit qu'elle va mettre fin à ses jours et qu'elle savait que tu allais l'en empêcher, c'est pourquoi elle t'a repoussé. Elle a écrit son plan : aller au gros rocher du loch et se jeter en bas.

— Elle ne savait pas nager...

— Elle fait également ses adieux à sa famille et à toi... Elle dit qu'elle s'excuse de ne pas avoir été une bonne épouse, d'avoir été obsédée par la maternité, désolée de t'avoir rendu malheureux... C'est tellement triste.

Il avait baissé les yeux, elle pouvait sentir son chagrin. Elle lui caressa les cheveux doucement et le serra contre sa poitrine, il ferma les yeux.

— L'ignorance de ce qui était arrivé à leur fille a dû être épouvantable pour eux. Je pense que tu les as soulagés d'un grand poids.

— Le Duc a dit que les preuves retenues contre toi n'étaient pas si concluantes et qu'il pourrait faire quelque chose... mais pas tout de suite. La guerre ne fait que commencer et j'ai l'impression qu'il veut te laisser ici pour te protéger... Il a dit que c'était risqué pour toi de te faire sortir tout de suite, quand ce serait le temps, tu serais gracié. Je ne comprends pas... Pourquoi?

— Je n'en sais rien... Est-ce que ça veut dire que John et Keith seront libérés aussi?

— Oui, il m'en a fait la promesse... au moment qu'il jugera opportun...

— Alors cette nouvelle cellule et toi... c'est un cadeau du Duc?

— Oui en quelque sorte... J'ai le droit de visite aussi souvent que je le veux et nous avons même droit à une chambre! Mais je n'ai pas envie d'avoir une chambre dans les appartements de Lord Montrose... Je pense qu'il a des vues sur toi...

— Tiens, tu penses ça...

Il la regarda tendrement, elle le surprenait toujours de sa perspicacité.

— Tu as raison, ma chérie, mieux vaut rester ici. Difficile de nous espionner. Comme je suis la seule cellule dans ce couloir... Tu sais que tu es vraiment la pire tête de mule que je connaisse? Je t'avais ordonné de ne pas aller voir le Duc... Tu m'as désobéi...

Elle se renfrogna.

— Nina c'est sérieux! Tu n'as pas conscience des dangers...

— Mais William, cela va aider notre cause, le Duc a changé d'avis et il va t'aider...

— Je le croirai quand je le verrai! Pour le moment, je suis encore ici et tu as pris d'énormes risques... Tu mériterais que je te donne une fessée, espèce de petite entêtée! lui dit-il sur un ton doucereux. Elle est incapable de savoir s'il était sérieux.

— Une fessée? lui dit-elle indignée. Tu n'es pas mon père et même lui n'a jamais levé la main sur moi!

— Peut-être qu'il aurait dû!

Elle se leva vexée et en colère contre lui. Elle marcha au bout de la pièce et se retourna vers lui les yeux brillants de fureur.

— Espèce d'ingrat! Je trouve le moyen d'améliorer ton sort et de soutirer une promesse de pardon de la part du Duc et toi tu veux me donner la fessée parce que je t'ai désobéi?! Essais de lever la main sur moi, espèce de... de... et je t'arrache les yeux!

Il s'était levé et la regarda cracher sa fureur. Il ne put s'empêcher de la trouver totalement belle et désirable. Elle avait un caractère de feu et il dut admettre qu'il adorait ça. Il ne put s'empêcher de sourire.

— Pourquoi est-ce que tu souris?

— Parce que tu es si belle quand tu exploses de colère... viens ici ma petite furie...

Il lui tendit les bras et elle s'y blottit sans hésitation.

— J'ai tellement peur qu'il t'arrive malheur mon amour, c'est dangereux! Et ça me rend fou d'être emprisonné ici et de ne pas pouvoir assurer ta sécurité...

— Arrête de penser que je suis toujours en danger… Tu t'en fais trop mon chéri…

Il ne répondit pas, repensant à une certaine nuit où il l'avait arraché des griffes du diable… Il la serra plus fort dans ses bras.

— As-tu faim? Lord Montrose nous a fait amener un repas…

— Oui merveilleuse idée…

Elle alla sonner la cloche et demanda qu'on apporte le repas. Ils dînèrent en tête à tête, cailles farcies, pomme de terre et pain de ménage. Il fut complètement ravi.

— Pas de whisky, car Malcolm l'a donné au garde pour qu'il nous laisse tranquilles toute la soirée.

— Il est ici?

— Il m'accompagne toujours, pas moyen de m'en débarrasser! En plus, il ne me dit jamais un mot sauf des monosyllabes ou des grognements quand il n'est pas d'accord… Je n'arrive pas à croire que tu réussisses à avoir une conservation avec cet homme… J'en ai déduit qu'il ne m'aime pas et qu'il est obligé de subir ma présence…

302

— Mais non, il t'aime bien… Il n'a pas beaucoup de conversation avec les femmes… Tu n'as qu'à lui parler de chasse et là il va te faire la conversation…

— Ce sera un monologue, tu veux dire…

Il rit, effectivement, Malcolm était peu bavard et avec les femmes il était d'un mutisme déconcertant.

— Si tu veux avant de partir, tu pourras t'entretenir avec lui… Je vous laisserai et attendrai dans le couloir, tu ne peux pas avoir deux visiteurs.

Lorsqu'ils eurent terminé leur repas, il l'invita à venir s'asseoir sur ses genoux et l'embrassa à en perdre haleine. Elle releva ses jupes et s'installa sur lui en guidant son sexe gonflé entre ses cuisses. Elle laissa retomber ses jupes et le chevaucha doucement en le regardant dans les yeux. Le plaisir ne tarda pas à prendre possession d'elle. Elle ferma les yeux pendant que son amant lui embrassait les seins qu'il avait sortis de son corsage et qu'elle lui tenait la tête en gémissant. Oh oui! Elle adorait sentir son membre viril en elle. Elle sentit monter un formidable orgasme et William lui saisit les hanches afin qu'elle maintienne la cadence pendant qu'il l'inondait de sa semence. Ils se regardèrent silencieusement, yeux dans les yeux pendant qu'elle sentait son sexe se retirer doucement.

— Mon amour, merci… cette soirée restera gravée dans ma mémoire…

— Mais je vais revenir… Je dois retourner au château sinon, je prendrais une chambre en ville et je viendrais tous les jours…

— Tu vas revenir?

— Oui! Avec cette cape, je vais attirer moins le regard. Lord Montrose ne peut rien empêcher, ce sont les ordres du Duc. Je t'aime tellement mon amour…

— Je t'aime… dit-il d'une voix étranglée par l'émotion.

Comme promis avant de partir, elle laissa Malcolm s'entretenir avec William. Ils discutèrent des droits de fermage et de divers problèmes que Malcolm rencontrait. Elle lui avait apporté des chausses en laine, des vêtements chauds ainsi qu'un plaid. Quand ils le quittèrent, William se coucha sur sa couchette, le membre gonflé de désir au souvenir de sa femme. Et pour la première fois depuis des mois, il s'endormit et connut une nuit sans rêve.

Invergarry, avril 1746

Isla était inquiète, tous les hommes capables de tenir une épée ou de manier le fusil étaient partis. Il ne restait que les femmes, les hommes trop âgés, les enfants et le prêtre. Heureusement, elle n'avait aucun enfant. En ces temps de guerre, avoir des enfants était une abomination. Le meurtre, le viol, nul ne savait quel destin tragique l'attendait... Par chance, elle n'avait qu'elle-même à protéger. De plus en plus, elle pensait s'enfuir et demander refuge à une de ses sœurs ou à son frère...

À Noël, ils avaient pris Glasgow, victoire grisante pour les jacobites, mais les forces armées du Duc de Cumberland les firent reculer jusqu'à Inverness, ils perdirent Stirling et Fort William. Le 16 avril 1746 à Culloden, il y eut une ultime bataille où tout fut perdu. Les highlanders armés de leur claymore, leur hache, leur force et leur courage, tombèrent sous les mitrailles, les canons et l'artillerie de l'armée britannique. Bonnie Prince Charlie était en fuite. Isla sentait la frayeur gagner le village peu à peu. Tous les highlanders avaient été tués, les blessés achevés, les survivants exécutés, les fugitifs poursuivis et assassinés. Toutes les maisons situées de près ou de loin de Culloden avaient été incendiées pour ne pas servir de refuge.

Le Prince Charles arriva durant la nuit du 17 avril et se terra au château d'Invergarry. Plus personne n'habitait le château, le Laird et ses hommes étant partis à la guerre. N'y vivait maintenant qu'un vieux domestique et il n'y avait en l'occurrence, rien à manger. Les hommes du Prince Charles allèrent pêcher au loch et c'est ainsi que les villageois apprirent que le Prince était parmi eux. Ils en apprirent plus sur la triste vérité et tout le village en fut dévasté. Isla ne versa pas une larme pour Robert, elle se sentait enfin libérée. Son alcoolisme et sa violence étaient devenus intolérables et le vieux Laird MacDonnell étant mort également, elle était libre de partir...

Le Prince Charles et sa troupe quittèrent Invergarry en fin de journée et partirent vers le sud, restant discret sur leur itinéraire. Isla tentait de convaincre l'abbé O'Brien de partir avec elle, car elle craignait de faire le voyage seule. Elle avait coupé ses cheveux très courts et prévoyait voyager habillée en jeune homme. Quelques jours après le passage de Bonnie Prince Charles, une troupe de l'armée

306

britannique arriva. Ils bombardèrent d'abord le Château d'Invergarry, y mirent le feu puis s'en prirent aux gens du village. Ils violèrent les femmes, tuèrent tous ceux qui offraient la moindre résistance puis massèrent tout le monde dans la petite église, où ils les barricadèrent avant d'y mettre le feu.

Isla s'était cachée dans la forêt et avait grimpé au sommet d'un grand chêne, ses énormes branches lui servant de cachette. À travers le feuillage, elle voyait la petite église flamber, les larmes coulant sur ses joues. Elle avait de la difficulté à respirer, tous les gens du village, ses voisines, leurs enfants, son amie Ishbel et son bébé, l'abbé O'Brien, tous furent tués... La peur la paralysait complètement. Elle se força à oublier tous ses amis et voisins, tentant tant bien que mal de continuer à respirer et à vivre...

Elle passa des heures assise sur sa branche, agrippée au tronc. Ses pensées voguaient vers sa famille qu'elle ne côtoyait plus depuis des années. Elle repensa à ses sœurs, se demandant comment elle serait accueillie. Margareth Menzie était restée neutre dans le conflit et Moira MacNab était du côté des vainqueurs... Elle pensa à son frère, se demandant ce qu'il advenait de lui et Malcolm... Elle avait passé son enfance à grimper aux arbres et à s'y cacher avec lui... Malcolm... Elle se demanda s'il serait heureux de la voir de retour au Château Buchanan... Son cœur reprit vie à cette idée.

La nuit tomba, les soldats étaient passés tout près de son perchoir sans soupçonner sa présence. Sa frayeur était telle qu'elle y resta toute la nuit, ne se risquant qu'au matin à en descendre. Elle prit la direction opposée à celle qu'avait prise l'abominable troupe du Duc de Cumberland, elle n'avait pas la force de retourner au village. Au bout d'un moment, elle fit demi-tour. Peut-être y avait-il des survivants, sa conscience prit le dessus sur sa peur. L'église fumait encore et elle voyait un nuage s'échapper des ruines du château. Aucune âme qui vive, tout le monde avait dû être amassé dans le prieuré. La plupart des maisons avaient été incendiées ou pillées. Elle tenta de faire le plein de maigres victuailles qu'elle mit dans son sac.

Elle se rendait à la rivière se rafraichir lorsqu'elle entendit des gémissements provenant de la distillerie. Le bâtiment était complètement rasé, il ne restait qu'un amas de planches. Elle s'approcha, cherchant avec peine d'où provenaient les gémissements. Il y avait derrière la distillerie une trappe souterraine où se trouvait la réserve cachée. Elle réussit à pousser les décombres pour libérer la trappe. Elle prit une profonde respiration et tira le loquet. L'abbé O'Brien gisait tout au fond, il se couvrit les yeux de sa main.

— Ahhh!

— Mais que faites-vous là?

Il tenta de reprendre ses esprits, son alcoolisme prenait une tournure inquiétante. Il ne se rappelait pas être venu là. Il essuya son menton souillé de vomissures. Après le passage de Bonnie Prince Charles, Alexander avait écouté leur récit d'horreur la gorge serrée, il avait bu sans arrêt jusqu'à en perdre la raison. Il tenta de se relever, Isla était descendu et l'aida à ressortir du trou.

— Je ne sais pas… Que s'est-il passé? dit-il d'une voix empâtée.

Isla ne savait pas quoi penser. Elle aurait dû s'indigner que leur prêtre ait cuvé son vin pendant que ses fidèles étaient brûlés vifs, mais elle était simplement heureuse qu'il soit vivant. Elle n'était plus seule… Elle l'amena à la rivière afin qu'il se rafraîchisse et qu'il reprenne ses esprits. Il regarda le village dévasté et réalisa sa couardise. Il ne méritait pas de vivre, il n'était qu'un ignoble ivrogne. Isla lui apporta des vêtements de rechanges, pantalon et chemise.

— Je ne veux pas porter cela.

— Vous n'avez pas le choix, habillé en soutane vous êtes un homme mort. Les prêtres catholiques n'ont pas de chance de survie ces jours-ci. C'est un miracle que vous soyez en vie…

— Un miracle? Je suis un monstre, je devrais être brûlé vif à mon tour...

— Votre alcoolisme vous a sauvé. Dieu vous a épargné, il vous donne une seconde chance... J'ai besoin de vous... Je vais me rendre au Château Buchanan et vous allez venir avec moi. Nous avons une longue marche...

Château de Weem, avril 1746

La route jusqu'à Weem avait été longue, plus d'une semaine s'était écoulée et ils n'avaient plus rien à manger. Margareth ne fut pas très hospitalière, Isla en fut bouleversée même si elle avait prévu le coup. Ils arrivèrent en fin de journée trempés jusqu'aux os, on leur ouvrit la porte qu'après de longues minutes de supplications. Callum Dewere, l'amant de sa sœur avait été très succinct, une seule nuit et ils devaient partir. Ils mangèrent à leur faim et purent dormir dans un vrai lit.

Margareth ne posa aucune question, elle lui fit savoir qu'elle ne pouvait pas l'héberger, Isla devait continuer sa route. Elle leur apprit l'emprisonnement de William à Dumbarton. Isla fut dévastée, son grand frère était pour elle invincible. Le Château Buchanan était géré par Malcolm en son absence, son cœur palpita à cette nouvelle. Voyager avec un alcoolique n'était pas de tout repos, les deux premières journées il avait été confus, son corps tremblant comme une feuille et il était constamment trempé de sueur. Mais depuis quelques jours, il était devenu un compagnon plus agréable.

Ils longèrent le loch Tay puis atteignirent Kinnell House à la tombée de la nuit. Isla demanda à la gouvernante qui vint ouvrir de parler avec Moira. Cette dernière fut très heureuse de la voir et la serra dans ses bras longuement.

— Je te croyais morte… Les nouvelles que j'ai eues d'Invergarry n'étaient pas très bonnes, il semble que le château et le village ont été détruits… Qui est cet homme?

— Il s'agit d'Alexander O'Neil, l'oncle de l'épouse de William.

Moira retint sa colère, son frère était emprisonné à cause de cet homme... Mais elle retint ses commentaires devant lui. Lorsqu'elle fut seule avec sa sœur, elle lui expliqua l'arrestation et les accusations de haute trahison portées contre le Laird Buchanan.

— Mais c'est absurde, William n'est pas un traître! Il a seulement tenu sa promesse à son épouse de l'amener voir son oncle... C'est tellement injuste!

— Vous ne pouvez pas rester ici. Mon beau-père sera de retour dans quelques jours et nous ne pouvons pas héberger une MacDonnell de Glengarry et un prêtre catholique. Nous serons accusés de trahison nous aussi.

Isla sentit son cœur se serrer, ils n'étaient pas les bienvenues encore une fois. Avec le danger qui les guettait sur la route, ils devaient se cacher constamment. Ils ne pourraient pas continuer à vivre de cette façon, en fugitif, la mort les guettant à chaque carrefour. Son dernier espoir était sa belle-sœur et Malcolm. Malcolm... Il ne la laisserait pas tomber, pas lui.

Dumbarton, avril 1746

Erlina avait trouvé l'hiver interminable, elle n'avait pas pu visiter son époux aussi souvent qu'elle l'aurait voulu, mais ces rares moments d'intimité lui avait permis de survivre à sa longue absence. Leur correspondance avait pris une régularité rassurante. Il leur envoyait plusieurs lettres par semaine et il arrivait à gérer nombre d'affaires avec Malcolm de cette façon. Elle continuait de lui raconter son quotidien, et lorsqu'elle allait lui rendre visite, ils conversaient des affaires seigneuriales. Sa grossesse allait devenir difficile à camoufler et Morgane en était quelque peu découragée. Les ragots iraient bon train, un Laird emprisonné et sa Lady enceinte…

William venait de terminer ses écrits, quand on lui annonça de la visite. Il sentit son cœur palpiter en attendant sa belle. Chaque fois, elle était comme une apparition qui illuminait sa pauvre existence. Elle entra dans la cellule toujours recouverte de sa grande cape noire et il attendit le cœur battant qu'elle la retire. Elle apparut dans une robe bleu-cyan qui lui allait à ravir. Elle était un véritable baume pour son pauvre cœur. Elle s'approcha de lui et saisit son visage de ses douces mains pour l'embrasser.

— Bonjour ma chérie…

— Bonjour, tu me manques tellement… elle nicha sa tête dans son cou en soupirant.

Elle le regarda contrite.

— Qu'y a-t-il?

— Morgane est très mécontente…

— Pourquoi qu'as-tu fait?

— Tu veux dire « Qu'avons-nous fait »… Tu n'as rien remarqué?

— Ah… oui… tu parles de tes nouvelles rondeurs?

— Tu le savais?

— Je m'en doutais un peu à ta dernière visite, mais aujourd'hui, ta poitrine est sur le point de sortir de ton corsage à chaque inspiration… D'ailleurs, tu es encore plus désirable mon amour… il caressa le doux renflement de ses seins.

— Tu ne trouves pas que c'est dramatique?

— Que tu sois enceinte? Non, c'est seulement le cours normal de la vie…

— Mais que vont dire les gens? Que je suis une trainée?

— Mmm… fit-il pensif, tout le monde sait que tu viens me voir en prison… Tu n'as qu'à dire ce que nous y faisons… Moi je n'ai aucun doute sur ma paternité, dit-il en l'embrassant passionnément. Et je ne ressens aucune honte à faire l'amour à ma femme.

— Tu es au courant de la bataille à Culloden? chuchota-t-elle. Il y a une semaine, ils ont perdu et ils ont tous été massacrés, continua-t-elle. Le Duc de Cumberland et son armée, sillonnent les Highlands à la recherche du Prince Charles et ils assassinent tous ceux qui n'ont pas porté allégeance au Roi, c'est un vrai massacre. Il ne reste plus rien d'Invergarry et je sais que le Château de Weem a été pris par le Duc... Nous sommes très inquiets... lui dit-elle les yeux pleins de larmes.

William avait retenu son souffle en l'écoutant.

— Oui je sais... Les gardes en ont parlé, on me croit traître et jacobite, ils ne m'ont pas épargné les détails... dit-il d'un ton amer. Maintenant, écoute-moi. Vous devez rester au château et n'ouvrir à personne. Il y a un cache-prêtre qui est relié à un passage qui ressort dans la forêt. Il faut que Malcolm s'assure que le tunnel est encore praticable. Vous devez faire des provisions et les amener à la maison dans les bois. Je dois parler à Malcolm...

— Je vais aller voir le Duc d'Argyll, si la guerre est finie, il pourra te faire libérer...

— C'est loin d'être terminé... Ils vont continuer jusqu'à ce qu'ils aient exterminé tous les jacobites, tous les clans... L'Écosse, telle qu'on l'a connait ne sera plus... dit-il d'une voix éteinte. Tu dois retourner au château et y rester. Vous déplacer à Inveraray serait trop dangereux... C'est la guerre ma chérie, tu ne dois plus sortir, moi je suis en sécurité ici, aussi ironique que cela puisse paraître. Et dans ton état, dit-il en lui caressant tendrement le ventre, tu ne peux prendre aucun risque...

Buchanan Castle, mai 1746

La route depuis Callander avait été très difficile, Isla était épuisée. Ils avaient marché depuis Kinnell House trois jours sans arrêt, se cachant sans cesse. Cette région semblait avoir été épargnée jusqu'à maintenant, les fermiers préparaient les champs pour les semences. Ils avaient croisé une brigade de Black Watch, mais avaient réussi à se fondre dans les rues de la bourgade et ainsi les éviter.

Le Château Buchanan était situé à quelques lieues du village de Drymen, ils y arrivèrent en fin de journée. Ils frappèrent à la grille et crièrent sans succès. La pluie se mit à tomber et ils furent trempés rapidement. Épuisés, affamés, ils étaient arrivés à destination, mais se butaient encore une fois à l'inhospitalité. Isla éclata en sanglots, elle était à bout de forces. Alexander lui fit une accolade et lui demanda si elle connaissait une autre entrée, des grilles fermées en ce temps de guerre il fallait s'y attendre. Évidemment, il y avait la maison des domestiques plus loin dans la forêt. Ils s'y rendirent tant bien que mal, un chien les accueillit en aboyant sauvagement et en montrant les dents. Une faible lueur éclairait une fenêtre. La porte s'ouvrit et le vieil Ian MacAllister apparut.

— Brody! Viens ici! cria-t-il à son chien. Il se tut quand il aperçut les visiteurs.

— M. MacAllister! C'est moi, Isla Buchanan…

Il la regarda surpris et il reconnut le prêtre irlandais. Il les observa un instant, incertain. Puis il leur ouvrit la porte, les invitant à entrer. Il vivait seul dans la demeure. Isla en fut étonnée, dans son souvenir plusieurs familles habitaient là et travaillaient au château.

— Il ne reste plus que moi ici. La matrone MacFairlane et quelques servantes vivent au château avec la maîtresse. Malcolm et Craig sont restés, mais tous les autres sont partis. Certains sont allés guerroyer, ils doivent être morts à l'heure qu'il est… Les autres ont quitté, les temps sont durs, les coffres sont vides… Ceux qui sont restés l'ont fait par honneur ou solidarité envers les Buchanan… Puis, il y a John et Keith qui sont à Dumbarton avec le Laird.

Il partagea son maigre repas avec eux et ils mangèrent en silence. Le vieux était d'un ordinaire bavard, mais l'épuisement et l'état miséreux dans lequel se trouvaient ses visiteurs le retinrent. Multiples questions lui brûlaient les lèvres. La jeune maîtresse avait changé, elle était encore très belle malgré sa maigreur et ses cheveux courts. Ses yeux d'un bleu clair bordés de longs cils contrastaient avec sa chevelure noir intense. Un coup bref à la porte le fit se lever rapidement. Le jappement fugace et l'empressement de Brody annonçaient la venue d'un visiteur connu. Malcolm terminant sa ronde du soir venait faire son tour quotidien. Il ne put cacher sa surprise quand il reconnut les visiteurs.

— Isla! s'exclama-t-il.

Il dut empoigner le dos d'une chaise et respirer un bon coup afin de se ressaisir. Il salua d'un hochement de tête le prêtre. Sa réaction n'échappa pas à Isla qui sentit son cœur palpiter. Il était content de la voir! Elle lui fit son plus beau sourire. Il déglutit, Seigneur! Qu'elle était belle. Il ne pouvait cesser de la regarder, elle était comme une apparition. Il l'avait crue morte. Au bout de quelques secondes, il retrouva l'usage de la parole.

— C'est Lady Erlina qui sera contente de vous savoir en vie. En fait, nous étions tous tellement inquiets à votre sujet... Il n'avait pas cessé de la fixer, il se tourna vers le prêtre. Et vous, mon Père, nous vous croyions mort... C'est toute une surprise. Allez venez, je vais vous amener au château. Dame Morgane ne me pardonnerait pas si je vous laissais ici.

Erlina était entrain de recenser ses essais concernant sa toute nouvelle mixture contre le mal de dents. Elle était installée dans la chambre bleue qui était devenue un véritable laboratoire avec ses étagères remplies de pots et de sachets. Elle avait hâte de pouvoir montrer tout cela à William. Par la force des choses, elle était devenue un peu comme la médecin du château. Elle soignait toutes sortes de maux et elle obtenait en général de très bons résultats. Innes était nouvellement enceinte, en fait si leurs calculs étaient bons, elles accoucheraient dans la même période. Craig était aux anges. Innes apparut dans l'embrasure de la porte excitée.

— Erlina! viens en bas, nous avons de la visite!

— Quoi? Erlina leva le nez de ses écrits. Qui est-ce?

— Viens vite!

Elle courut dans le couloir, Erlina à sa suite, le cœur battant. Pendant un bref instant, elle espéra William, mais lorsqu'elle les aperçut dans le grand hall, elle cria.

— Mon oncle!

Elle se jeta dans ses bras, à court de souffle. Morgane quant à elle, serrait Isla dans ses bras en essuyant ses larmes.

— Ma pauvre enfant… Je suis si contente que tu sois saine et sauve. Vous avez marché depuis Invergary?

— Oui, nous nous sommes cachés. Nous avons passé par Weem, Margareth nous a hébergés une nuit puis Moira nous a accueillis à bras ouverts. Mais vu la situation des MacNab, nous ne pouvions pas rester… Il ne me reste que vous… dit-elle d'une toute petite voix en regardant Erlina. Puis-je rester ici?

La réaction de Malcolm n'échappa pas à personne, il balbutia, mais se retint de commentaires. Il soupira fortement en regardant Erlina d'un air sinistre. « Tiens, tiens, cet homme a des sentiments, se dit Erlina. »

— Bien sûr, c'est ta maison. Tu es une Buchanan et ta place est ici. Erlina la serra dans ses bras chaleureusement. À Weem, tout le monde allait bien? Il semble que le château soit occupé par le Duc de Cumberland...

— Pas lors de notre passage, dit Alexander. Nous sommes chanceux d'être passés avant eux...

Erlina avait le cœur en fête, son oncle était vivant et près d'elle. Innes et Mme MacFairlane préparèrent la chambre d'Isla. Summum du bonheur, cette dernière put même tremper dans la baignoire. Elle s'endormit aussitôt la tête sur l'oreiller et rêva de son enfance au château. Elle s'éveilla aux lueurs de l'aube et descendit aux cuisines. Personne n'était levé, elle profita de ce moment de quiétude pour déambuler dans les grandes pièces du rez-de-chaussée. Elle n'était jamais revenue depuis son mariage, peu de choses avaient changées. Elle se sentait revivre, comme si des ailes lui avaient poussées. Elle marchait d'un pas léger, se sentant sur le point de s'envoler. Comme elle aimait cet endroit... Loin des siens, elle s'était fanée puis étiolée, comme une fleur qui se meurt.

Elle farfouillait dans la cuisine pour trouver quelque chose à se mettre sous la dent quand se sentant observée, elle se tourna puis le vit. Malcolm était là, appuyé nonchalamment dans l'embrasure de la porte, l'observant d'un air satisfait. Elle l'avait toujours trouvé beau : grand, brun et barbu. Il était peu bavard et cela lui conférait une aura de mystère qui l'avait toujours émoustillée.

— Contente d'être de retour? lui demanda-t-il en souriant.

— Oui tellement, cet endroit m'a tellement manqué! Elle lui rendit son sourire.

— Ton mari t'a laissé partir? demanda-t-il de but en blanc.

— Mon mari? Elle le regarda franchement. Mon mari est mort à Culloden et je m'en remets très bien. Elle baissa les yeux. Il y a longtemps qu'il n'était plus mon mari, dans le sens où tu l'entends... C'était un alcoolique et un coureur de jupons, notre mariage était seulement pour plaire à son père qui avait espéré se rallier le clan des Buchanan à la cause. J'ai tellement espéré que mon père ne m'oblige pas à ce mariage...

Elle leva les yeux vers lui, il détourna le regard. Il marcha jusqu'à l'âtre, entreprenant de faire un feu.

— Et toi, tu n'es pas marié? Elle connaissait très bien la réponse.

Il la regarda furtivement puis se concentra sur sa tâche, s'appliquant avec démesure. Elle s'approcha de lui.

— Tu n'as pas répondu à ma question...

—Tu sais bien que la femme que je voulais épouser... il hésita avant de continuer, est morte.

Elle avait retint son souffle, l'espace d'un instant elle avait cru... Elle baissa ses yeux brillants de larmes. Elle prit la direction de la porte. Il regretta aussitôt ses paroles.

— Isla, attend ne pars pas... Je... Je...

Il fut interrompu par Mme MacFairlane qui entra brusquement dans la cuisine et qui fut surprise de trouver la jeune maîtresse en robe de nuit en compagnie de Malcolm. Elle les regarda tous deux puis se souvint qu'enfants, ils étaient inséparables. Elle avait coupé court à une conversation et vit à l'expression de Malcolm qu'il s'agissait de quelque chose d'important. Miss Isla la salua, prit un morceau de pain et sortit de la pièce sans un regard pour Malcolm. Ce dernier se sentait comme le dernier des idiots, il se releva et remis le tisonnier à sa place. Il sortit à la suite d'Isla bien décidé à réparer son erreur, mais Craig le héla dans le couloir et il dut s'entretenir avec lui. Puis, l'abbé O'Brien, Dame Morgane et Erlina arrivèrent pour le petit déjeuner. Au bout de quelques minutes, il put enfin partir à sa recherche. Il alla frapper à la porte de sa chambre, elle ne répondit pas. Il ouvrit, la pièce était vide. Il revint déjeuner bien décider à avoir une discussion avec elle dès le premier moment venu.

Helensburgh, Écosse

Mai 2013

Jerry avait loué une petite voiture afin de passer inaperçu. Sa filature de la veille n'avait pas été très révélatrice. David McQueen avait passé la soirée dans un pub après sa journée de travail sur le chantier. Il avait un étrange pressentiment. La réaction de Maddison le laissait perplexe. Aussi curieux que cela puisse paraitre, il avait l'impression qu'elle avait provoqué tout cela… Elle avait retrouvé le journal de Caitlin alors que personne ne connaissait son existence et elle leur avait crié que ce David McQueen était le fameux Bobby. Il avait de la difficulté à admettre qu'elle soit la réincarnation de sa jumelle. Parfois, comme maintenant, il préférait croire qu'il s'agissait de Caitlin qui se manifestait depuis l'au-delà à travers Maddison.

Il suivit le vieux camion de McQueen tranquillement et à bonne distance. Ce dernier venait de quitter le travail et ne semblait pas l'avoir remarqué. Il le traqua jusqu'à l'extérieur de la ville et son cœur battit plus vite lorsqu'il le vit prendre le chemin du Réservoir. David McQueen était arrivé en ville quelques semaines plus tôt, il n'avait aucune idée que le secteur avait été ratissé par les policiers l'année dernière afin de retrouver le corps du petit Boulter, sans succès. Jerry hésita quelque peu, le chemin était un cul-de-sac, il pourrait difficilement passer inaperçu. Il s'engagea sur la chaussée étroite et avant d'atteindre la clairière, il gara l'auto en bordure de la route. L'endroit était parfois fréquenté par des jeunes qui venaient y faire des galipettes en cachette de leurs parents, la petite Hyundai pouvait facilement passer pour une voiture d'étudiants. Il marcha dans les bois en prenant soin de ne pas faire de bruit. Il vit le camion en bordure du petit lac, aucune trace de McQueen. Il s'y rendit et scruta les abords du plan d'eau et les bois environnants. Soudain, il entendit un grincement qui venait du vieux réservoir et s'en approcha tout doucement. Il vit la porte ouverte et comprit que McQueen était à l'intérieur. Il s'agissait d'un grand réservoir monté sur des piliers et une échelle permettait d'y accéder.

Que faisait-il à l'intérieur? Jerry savait que les policiers l'avaient inspecté et n'y avait rien trouvé. Selon l'inspecteur Miller, il n'y avait qu'une passerelle endommagée par la corrosion puisque ce réservoir était abandonné depuis plusieurs décennies. Il se cacha et attendit de longues minutes avant de le voir redescendre et quitter dans son camion. Sans réfléchir, il grimpa l'échelle rapidement. Au sommet, il jeta un regard aux alentours avant de pénétrer à l'intérieur.

Loch Lomond, Écosse

Mai 2013

Nina avait passé une mauvaise journée, tout semblait aller de travers et ce depuis le matin. Premièrement, elle n'avait pas dormi de la nuit, Maddison avait fait un cauchemar et ses cris avaient réveillé tout le monde. Les enfants refusaient de dormir, ils avaient donc passé la nuit dans le lit de leurs parents trop apeurés pour rester dans leur chambre. Ensuite, la réceptionniste de la clinique s'était absentée ainsi que l'infirmière, Nina avait dû recevoir les patients et tout faire elle-même. Elle était exténuée lorsqu'elle s'installa dans sa voiture. Avant de mettre le contact, elle appela Jerry, car la soirée était largement avancée et selon Emma, il devait dîner en ville. Peut-être pourraient-ils se retrouver dans un petit resto et dîner en tête à tête… Elle trouva curieux qu'il ne réponde pas à son portable, ce n'était pas dans ses habitudes.

La soirée se déroulait normalement avec la routine des enfants, mais Nina sentait une terrible angoisse l'envahir… Elle avait une mauvaise intuition, quelque chose se tramait. Mais où était donc Jerry? Soudain, elle eut une pensée. Elle téléphona à Glenn, le frère de Jerry.

— Glenn, c'est Nina. As-tu vu Jerry?

— Non, pourquoi il y a un problème?

— Non, répondit-elle, mais j'ai une question pour toi.

— Vas-y.

— As-tu passé la soirée d'hier avec Jerry?

— Euh… non. Je ne l'ai pas vu depuis samedi soir chez Ian et Cécilia… Pourquoi? demanda-t-il inquiet.

— Euh rien, juste une question comme ça… On se reparle plus tard.

— Tu es certaine que ça va? Il se demandait s'il ne venait pas de mettre son frère dans l'embarras…

— Oui ne t'en fais pas.

Elle raccrocha et prit un air contrarié. Il lui avait caché la vérité sur son escapade de la veille. C'est bien ce qu'elle pensait, il avait décidé de mettre son plan à l'œuvre... Jerry était convaincu que le David McQueen qui était venu brièvement chez Ian samedi soir dernier, était le Bobby dont Caitlin parlait dans son journal. Il voulait le suivre afin de voir s'il pourrait prouver son identité et trouver ainsi des preuves de son implication dans la mort du petit Adam Boulter. Nina n'était pas d'accord que Jerry s'improvise inspecteur, elle voulait qu'il donne l'information à Andrew Miller qui s'était chargé de l'enquête. Ils s'étaient disputés violemment à ce sujet.

Elle appela Ian bien décidée à lui raconter tout. Il connaissait David, il pourrait peut-être l'aider.

— Ian, c'est Nina.

— Bonsoir, Nina, que me vaut l'honneur de ton appel? répondit-il ne cachant pas sa surprise.

— Je dois te parler de Jerry et de David McQueen...

— Que se passe-t-il? dit-il inquiet.

— Nous nous sommes disputés suite à ce qui s'est passé chez vous le week-end dernier... Il voulait enquêter lui-même... Et je suis certaine qu'hier soir il a suivi David McQueen.

— Ah... oui je sais, il est venu me voir afin de voir le dossier d'employé de McQueen et il a une copie de ses références, adresse et tout...

— Ian! C'est dangereux, c'est peut-être un meurtrier! Elle cria presque ces derniers mots. Il a disparu, il ne répond pas à son cellulaire...

Helensburgh, Écosse

Mai 2013

Ian se gara devant l'immeuble et prit une profonde inspiration. « Oh, Jerry, dans quel merdier est-ce que tu t'es mis... pensa-t-il. » David McQueen habitait un appartement au sous-sol, il jeta un coup d'œil à la fenêtre en passant, rien à signaler. Il entra dans l'édifice et alla frapper à la porte de façon insistante. Pas de réponse. Il tendit l'oreille, aucun bruit. Il avait tenté de l'appeler du bureau, mais sans succès. Il réfléchit rapidement, Jerry lui avait dit qu'il voulait louer un véhicule pour sa filature. Il y avait un seul endroit pour la location de voiture à Greenock et il s'y rendit. Évidemment, le bureau était fermé, aucune trace de la BMW de Jerry. Il retourna chez McQueen et se gara cette fois-ci de l'autre côté de la rue. Il y passerait la nuit s'il le fallait. Il tenta un autre appel avec son cellulaire, toujours pas de réponse.

McQueen avait travaillé sur le chantier toute la journée et il avait quitté comme tout le monde à 17 h. Jerry avait dû le suivre à partir de là. C'était un ouvrier moyen, rien à redire sur son travail mais, il était solitaire et peu bavard. Ian doutait qu'il puisse être le Bobby en question. McQueen avait de bonnes références, il avait travaillé au même endroit pendant dix ans et Ian avait parlé à son ancien employeur qui lui avait donné de bonnes recommandations. Alors, où était Jerry?

Nina avait demandé à Emma de rester pour la soirée afin de surveiller les enfants. Plus elle pensait à Jerry, plus son inquiétude grandissait malgré les paroles rassurantes d'Ian. Ce dernier allait surveiller le domicile de David McQueen et la téléphonerait au besoin. Il était maintenant près de 21 h et elle tournait en rond dans la maison, incapable de tenir en place. Elle devait faire quelque chose. Ils ne connaissaient rien de ce McQueen, excepté son adresse actuelle. Elle pensait au journal de Caitlin quand soudain, elle eut un étrange pressentiment… le chemin du réservoir. Elle était à moins de trente minutes alors qu'Ian était à Greenock. Elle n'aurait qu'à aller faire un tour et si elle voyait quelque chose de suspect, elle appellerait Ian avec son cellulaire. Elle serait au moins utile à quelque chose, elle ne pouvait rester à la maison impuissante et simplement attendre…

Elle dit à Emma qu'elle allait faire un tour évitant de lui dire où elle allait afin de ne pas l'inquiéter. Elle n'avait aucune idée si son idée était valable, peut-être était-ce idiot, mais elle ne pouvait s'empêcher d'aller vérifier. Elle ressentait de la colère envers Jerry, il avait fait encore à sa tête. Depuis un certain temps, ils se disputaient souvent. Il était l'homme le plus têtu qu'elle ait connu et chaque fois, elle capitulait devant son attitude inflexible. Il était malheureux, il buvait et se terrait dans son bureau trop souvent...

Helensburgh, Écosse

Mai 2013

Jerry ouvrit les yeux et ressentit une vive douleur au bras gauche, machinalement il y porta la main et fut soulagé de le sentir intact. Puis il regarda autour de lui, il gisait dans le fond du réservoir. Il avait été surpris par McQueen qui l'avait frappé par-derrière. Il avait dû revenir pendant que Jerry explorait le réservoir.

La nuit était tombée, il ne voyait rien du tout, il fouilla dans ses poches à la recherche de son cellulaire, mais il avait disparu. Il scruta son environnement, mais l'obscurité étant totale, il ne distinguait même pas sa main devant son visage. Soudain, il entendit un cri. Il tendit l'oreille, quelqu'un montait dans l'échelle à l'extérieur. Il devina qu'ils étaient deux.

Jerry sentit une décharge d'adrénaline quand il reconnut sa femme. McQueen pointait une arme contre son dos, il déposa sa lampe torche sur la passerelle.

— Nina? cria Jerry.

Elle fut soulagée d'entendre sa voix, mais l'homme resserra son étreinte et elle sentit son arme s'appuyer fortement entre ses omoplates.

— Jerry, souffla-t-elle.

— Eh bien! Je suis vraiment chanceux, dit McQueen. Je vais peut-être pouvoir prendre un peu de plaisir ce soir, dit-il sur un ton sordide. Buchanan t'es pas mon genre, mais ta femme elle est bien roulée, ajouta-t-il en lui empoignant la poitrine de sa main libre.

Elle laissa échapper un cri de surprise.

— Non! s'écria-t-elle.

— La ferme!

Il la retourna et la poussa contre le mur. Il pointa son arme vers son visage.

— Déshabille-toi!

— McQueen, cria Jerry. Laisse-la tranquille! C'est moi que tu veux! Laisse-la partir!

— Ferme ta gueule ou je la tue! Allez enlève ton manteau et ton chandail!

Elle obtempéra tranquillement, prenant soin de retirer la seringue de la poche de son manteau pour la glisser dans son dos et la coincer sous l'élastique de sa petite culotte. Elle se retrouva en soutien-gorge devant lui et frissonna. Il devenait excité, elle pouvait voir son sourire mauvais et il frottait son entrejambe de sa main libre. Elle eut un haut-le-cœur.

— Si tu la touches, je vais te tuer! Jerry ne contenait plus sa rage.

Il avait agrippé un poteau qui soutenait la passerelle et tentait de le faire bouger. Tentative désespérée. Non, il n'allait pas assister au viol et au meurtre de sa femme sans rien faire. Il hurlait tout en empoignant le poteau de toutes ses forces et réussit à l'arracher de sa base. La passerelle s'affaissa, déstabilisant ainsi McQueen qui dut s'accrocher à la rambarde. Nina en profita pour retirer le capuchon de la seringue, la planta dans le biceps de l'homme et injecta rapidement la substance.

341

— Aie! Qu'est-ce que tu fais là? Chienne!

Il leva son pistolet vers elle, mais Jerry donna encore un coup et Nina se jeta sur sa main pour le lui retirer. Ils se débattirent pendant un moment, elle tomba à la renverse, il prit rapidement le dessus.

— Tu vas payer pour ça, il arracha son soutien-gorge et entreprit de défaire sa braguette.

Nina cherchait l'arme des yeux, il était coincé dans une fente près de la porte. L'homme grogna et agrippa son jean. Elle cria et se débattit encore plus. Elle réussit à lui donner un coup de genou dans les parties et le repoussa de toutes ses forces. Elle se leva rapidement mais perdit l'équilibre, car la passerelle tanguait dangereusement.

— Accroche-toi, lui dit Jerry.

Comme elle jetait un regard vers lui, l'infâme lui saisit la cheville et elle recula instinctivement. Elle tomba à la renverse, la chute lui coupa le souffle.

Jerry avait tenté de l'attraper tant bien que mal afin d'amortir sa descente. Elle se retrouva rapidement dans ses bras.

— Oh Jerry… des larmes brûlantes s'échappèrent, elle ferma les yeux un instant.

— *Muirnin...* Il caressa ses cheveux doucement. Puis leva les yeux en entendant des gémissements.

— Il va rester tranquille pour un moment, dit-elle en reprenant ses esprits.

Il la déposa sur le sol. Il alla quérir la lampe torche qui gisait sur le sol. Il chercha le pistolet.

— Si tu cherches son arme, elle est prise dans une fente près de la porte… elle resserra ses bras contre ses seins, elle était frigorifiée.

— Merde! Nous sommes coincés ici… il scrutait leur environnement, cherchant un moyen de remonter. Et il a encore son arme, il va tenter de nous tuer.

— Non, je lui ai injecté un curare qui va le paralyser pour quelques heures. Avec un peu de chance, il va survivre…

— Quoi?

— Nous utilisons ce médicament pour anesthésier les patients, mais il est possible qu'il fasse un arrêt respiratoire…

— Tu veux dire que tu es venue te jeter dans la gueule du loup armée seulement d'une seringue? dit-il d'un ton railleur.

Il l'éclaira et ne put s'empêcher de regarder sa poitrine. Comment pouvait-il penser à ça en pareille situation?

Elle prit le mors aux dents.

— Et toi, que fais-tu ici? Tu ne devais pas le suivre, je t'avais dit de laisser les policiers faire leur travail! Tu as failli te faire tuer! Espèce de sale entêté d'écossais!

— Quelqu'un sait que tu es ici? demanda-t-il avec espoir.

— Non…

— Quoi? Personne ne sait que tu es venue? Tu aurais pu avertir la police, la gronda-t-il en s'approcha tranquillement.

— Espèce de goujat! C'est de ma faute maintenant?

Elle était incapable de retenir sa colère même si elle se savait aussi fautive que lui.

— Calme-toi mon amour, je vais trouver un moyen de nous sortir de là… dit-il en la reprenant dans ses bras.

— Me calmer? Ce type m'a presque violée et nous sommes pris dans cet endroit puant jusqu'à ce qu'il se réveille… Elle le repoussa. Et tu crois que tes baisers vont suffirent à me rassurer? Tout cela est de ta faute!

— Sacrebleu Nina! Ça ne sert à rien de se disputer!

Il retira son chandail de laine et le lui donna.

— Tiens, mets ça.

Elle le prit et le passa par-dessus sa tête. Jerry ne l'avait pas quitté des yeux. Elle huma son parfum avec bonheur et resserra ses bras autour d'elle pour se réchauffer. Elle leva les yeux vers lui et vit son regard amoureux. Elle soupira, c'était toujours pareil, elle se mettait en colère et elle finissait par céder parce que son amour pour lui prenait le dessus. Et ils ne réglaient rien!

— Pourquoi est-ce toujours comme ça? gémit-elle.

— Comment? demanda-t-il en s'avançant vers elle.

— Chaque fois qu'on se dispute, on finit par faire l'amour et…

— Parce que tu es la femme la plus désirable, *muirnin*… et que je t'aime.

Il s'approchait dangereusement et elle sentit le désir monter en elle. Comment pouvait-elle avoir envie de lui dans un moment pareil?

— On ne règle jamais rien!

— L'amour est le meilleur remède, il nous fait oublier nos différends… dit-il en lui prenant le menton et en levant son visage vers lui.

Il se penchant vers elle et elle attendit son baiser en fermant les yeux. Il ne vint pas. Elle ouvrit les yeux, il la fixait les yeux brillants. Elle avait raison, il n'aimait pas se quereller avec elle et le moyen qu'il avait trouvé pour y mettre un terme était facile et, il devait l'admettre, assez puéril…

— Pourquoi es-tu en colère contre moi?

— Tu le sais bien… parce que tu n'en fais qu'à ta tête! Peu importe mon opinion, tu vas toujours de l'avant avec tes projets…

— Quels projets?

Elle ne savait pas le nombre de projets qu'il avait refusé pour rester avec elle et les enfants…

— Les rénovations, l'agrandissement de la maison, que nous n'avons pas besoin! Ton plan d'enquêter sur Bobby McQueen…

— Je comprends…

— Non, tu ne comprends pas! Et tu… tu… elle se mordit la lèvre.

— Allez, dis-le!

— Tu bois trop! Et tu es malheureux avec moi!

Voilà, c'était dit. Cela faisait des mois qu'elle retenait tout cela. Il la relâcha et baissa la tête un instant, mettant de l'ordre dans ses idées. Il devait faire attention à ses paroles, il ne voulait pas la blesser.

— Oh Jerry… chuchota-t-elle. Tu n'es pas heureux, ça se sent… Je ne veux pas te retenir, te rendre malheureux… sa voix avait monté d'un ton.

Elle sentait la peur la gagner, car il ne disait rien. Oh mon Dieu! Elle avait vu juste…

— Si tu veux retourner vivre à Los Angeles, vas-y.

Il la regarda plein d'espoir.

— Tu es d'accord?

Elle éclata en sanglots. C'était fini, elle avait tenté de repousser ses craintes depuis longtemps et voilà, elle voyait dans ses yeux que c'était ce qu'il désirait… Et elle ne lui avait pas dit qu'elle était enceinte. Elle pleura de plus belle. Que ferait-elle? Seule avec les enfants et ce nouveau bébé.

— Non, je vais rester ici avec vous, arrête de pleurer, ma chérie.

— Non! Je ne veux pas te retenir, je ne pourrai pas continuer de vivre avec toi alors que tu es malheureux et que tu t'enivres…

— Je ne m'enivre pas! Je bois seulement quelques verres le soir! Je sais que tu détestes ça, mais je ne suis pas un alcoolique! Et je ne me saoule pas!

Il prit une grande inspiration. Il ne savait pas quoi lui dire.

— Nina, je t'aime et j'aime nos enfants, je suis tout à fait heureux avec vous et je ne pourrais pas vivre sans vous trois…

— Ah, oui? demanda-t-elle pleine d'espoir.

— Oui. Si je suis malheureux, ce n'est pas à cause de vous, continua-t-il. C'est que je n'ai rien à faire de mes journées et cela est en train de me rendre fou! J'ai reçu plusieurs offres de films et j'ai tout refusé…

Elle aurait dû deviner, elle était tellement axée sur le bonheur des enfants et son travail à la clinique qu'elle n'avait pas réalisé cela. Il avait tout abandonné pour eux alors qu'elle avait continué à pratiquer la médecine…

— Mon amour… elle lui sourit et se rapprocha de lui. Tu voudrais que l'on aille à Los Angeles?

— Je n'irai pas sans toi. Si tu veux rester ici, je reste aussi. J'ai besoin de toi et je ne te laisserai pas!

— Et moi, je veux que tu sois heureux! Je peux travailler aux États-Unis sans problème… Je t'aime! Si tu es malheureux, je suis malheureuse aussi! Lorsque nous nous sommes mariés, nous nous sommes entendus que tu continuerais à faire des films et que l'on te suivrait…

— Je sais que tu veux élever les enfants ici, je sais aussi que tu es heureuse ici…

— Mais je peux être heureuse à Los Angeles ou ailleurs… Si nous sommes ensemble, c'est tout ce qui compte.

— Oui… Il l'embrassa passionnément et elle répondit à son baiser avec fougue.

— Oh Jerry… souffla-t-elle tandis qu'il glissait ses mains sous son lainage pour se saisir de ses seins. J'ai eu tellement peur…

— Oui, c'était dangereux de venir ici…

Un gémissement s'échappa de ses lèvres lorsqu'il prit un de ses mamelons dans sa bouche chaude.

— Je ne parle pas de cela! J'ai eu peur, car j'ai cru que tu voulais retourner à ta vie de célibataire…

Il releva la tête et la regarda. Il se redressa, passa ses bras autour de sa taille et la colla contre lui. Il baissa les yeux vers elle.

— *Muirnin*, tu me rends heureux, n'en doute jamais!

Elle passa ses bras autour de son cou et déposa sa tête sur son épaule. Elle réalisa soudain qu'ils étaient dans un endroit sale et lugubre et qu'il y avait peut-être des rats…

— Comment va-t-on faire pour sortir d'ici? murmura-t-elle.

Elle lui avait fait perdre la tête encore une fois. Il lui aurait fait l'amour sur le sol juste là si elle ne l'avait pas ramené à la réalité.

Helensburgh, Écosse
Mai 2013

L'aube scintillait à l'horizon lorsqu'Ian ouvrit les yeux. Il n'avait aucune idée combien de temps il avait dormi, quel piètre enquêteur il faisait. Il appela Nina, son cellulaire était hors fonction. Il appela à la maison et parla à Emma qui était très inquiète.

— Nina a quitté hier soir vers 21 h 30.

— Où est-elle allée?

— Elle ne m'a rien dit… Nous devons appeler la police sans tarder!

— Oui Emma, vous avez raison. Appelez l'inspecteur Andrew Miller et racontez-lui ce que vous savez…

— Mais je ne sais rien!

— Dites-lui que Jerry a suivi David McQueen car il croit qu'il s'agit de Bobby McQueen, qu'il manque à l'appel et que Nina est disparue également depuis hier.

— Qui est ce Bobby?

— Je ne suis certain de rien pour le moment.

Il ne voulait pas l'affoler en lui disant qu'il s'agissait d'un meurtrier.

— Je vais aller voir ce David McQueen et je vous rappelle.

Il retourna frapper à sa porte sans succès puis décida de l'enfoncer. Il n'y avait personne dans l'appartement, rien de suspect. Il retourna vers son véhicule d'un air mécontent. Il savait ce qu'il lui restait à faire.

Alicia Fraser habitait un charmant appartement avec vue sur le fleuve. Elle avait mal dormi et comme à son habitude elle buvait sa tasse de thé matinale en se berçant dans le salon. La sonnerie la tira de sa rêverie. Il s'agissait d'Ian qui demandait à la voir, elle lui ouvrit en appuyant sur le bouton et se leva pour l'accueillir à la porte. Elle n'était pas surprise de sa visite, car cela avait rapport avec ses songes de la nuit dernière…

— Mon cher Ian, lui dit-elle en ouvrant la porte. Toujours aussi beau! Dit-elle en lui tendant sa joue ridée.

Il l'embrassa puis se dirigea vers le salon, il était nerveux. Elle savait ce qu'il allait lui demander, mais elle le laissa tourner autour du pot. C'était la première fois qu'il venait la consulter pour ses dons de voyance. Ian était un homme rationnel et peu crédule. D'ailleurs, elle ne pouvait cacher son sourire de satisfaction. Il finit son histoire.

— Voilà, ils ont disparu tous les deux hier soir, et je ne sais pas où chercher…

— Je suis heureuse que tu sois venu me voir… elle lui sourit. Je savais que tu allais venir…

Il eut un frisson, secoua ses épaules et attendit.

— Va voir sur le chemin du vieux réservoir. N'y va pas seul, il est armé et dangereux. Dépêchez-vous, car il va se réveiller bientôt…

— Se réveiller?

— Oui, il est inconscient... Elle ferma les yeux : Nina l'a frappé, mais elle est prise au piège avec Jerry dans le fond du réservoir. Va, dépêche-toi!

Ian sortit en courant.

Helensburgh, Écosse

Mai 2013

Jerry ouvrit les yeux et constata avec effroi dans quel pétrin ils se trouvaient. La lumière du jour filtrait au travers des trous de corrosion qui lui permettaient de voir leur environnement sous un autre angle. Malheureusement, il avait arraché le seul pilier auquel il aurait pu s'agripper pour remonter sur la passerelle. Ils étaient bel et bien pris au piège. Nina dormait sur son torse et il caressa son beau visage pour la réveiller doucement. Il pouvait entendre leur hôte qui se réveillait. Le salaud reprenait ses esprits et le contrôle de son corps. Il le vit s'asseoir et toucher sa tête. D'une démarche chancelante il se remit sur ses pieds et leur jeta un coup d'œil.

Jerry et Nina se levèrent à leur tour, sur leur garde. Il leur lança une paire de menottes.

— Toi la garce, mets-lui les menottes en passant ses mains derrière son dos.

Il la visa avec son arme. Elle regarda Jerry, il lui fit signe de ramasser les menottes et lui tourna le dos en lui présentant ses mains. Lorsque ce fut fait, il descendit une échelle. Il pointa son arme vers elle encore une fois.

— Je vais descendre et je t'avertis, si tu fais un geste vers moi, je tire.

Elle déglutit et ne bougea pas. Jerry ne le quittait pas des yeux. Lorsqu'il toucha le sol, il se tourna vers eux et attrapa Nina. Il lui colla le canon sur la tempe.

— Voilà qui est mieux… Maintenant, on va reprendre ce que nous faisions cette nuit…

Jerry ne put s'empêcher d'avancer vers lui.

— Reste où tu es! Je vais la tuer si tu bouges…

Il glissa sa main libre sous le chandail et lui pinça sauvagement un sein, elle gémit de douleur. Les yeux de Jerry brillaient de fureur.

— Espèce de porc! Laisse-la tranquille!

— Non, je vais la prendre comme je l'ai fait avec ta sœur… Et tu vas regarder… Ensuite, je vous tuerai tous les deux, comme je l'ai fait avec ta petite sœur… Elle me suppliait de ne pas le faire, elle était si pleurnicharde…

Elle regardait l'horreur et la souffrance sur le visage de Jerry et les larmes s'échappèrent de ses yeux. Elle ne pouvait les retenir.

— Ta femme est une pleurnicharde aussi, j'aime ça… ça m'excite… et encore plus quand elles crient les salopes…

Il baissa le jean de Nina sauvagement et la pencha vers l'avant. Il regarda ses fesses et releva la tête juste à temps pour voir Jerry qui s'élançait vers lui. Ils tombèrent tous les deux à la renverse sur le sol. Nina releva son pantalon rapidement et s'empara du pistolet. L'affreux avait les mains sur la gorge de Jerry et l'étranglait. Jerry se tortillait mais il avait les bras menottés dans son dos.

Elle se mit devant Bobby McQueen et appuya le canon sur son front en le sommant de la regarder.

— Lâche-le tout de suite.

Il s'exécuta. Jerry prit de grandes bouffées d'air. Elle réfléchissait vite, elle ne voulait pas le tuer, elle n'était pas une meurtrière...

— Donne-moi la clé des menottes.

Il sourit d'un air mauvais.

— Tu ne me tueras pas, tu as trop peur... Tu veux qu'il le fasse à ta place...

Il avança vers elle menaçant. Non elle n'allait pas le tuer, mais elle allait le mettre hors d'état de nuire! Elle baissa son arme. Il n'eut pas le temps de savourer sa victoire, elle tira une balle dans chacune de ses jambes et il s'effondra en hurlant de douleur. Elle le fouilla et trouva la clé des menottes. Elle libéra alors Jerry et ils s'éloignèrent de McQueen qui gémissait tout en les maudissant.

— Bien joué! lui dit Jerry. Il était diablement fier d'elle.

Ils entendirent tout un vacarme à l'extérieur, plusieurs personnes montaient l'échelle du réservoir. Rapidement, ils virent des policiers apparaître sur la passerelle. Jerry alla déposer l'arme sur le sol, suffisamment loin de Bobby McQueen et leva les bras en signe de reddition.

Buchanan Castle, juin 1746

Ian MacAllister avait plus de soixante ans, il était au service de cette famille depuis sa tendre enfance. De ce fait, il avait vu naître plus d'un Buchanan. Il avait été très proche de George, le père de William, l'aimant comme un fils, le supportant dans toutes ses entreprises et ses décisions. Pourtant, le mariage de sa cadette avec le fils de McDonnell était une erreur et il avait mis George en garde. Ian connaissait les risques de prendre parti contre le Roi. Sa mère était une MacDonald d'Invercoe et on lui avait raconté maintes fois le massacre de Glencoe.

Il avait sept ans à l'époque et sa mère avait été dévastée par cette histoire. En 1691, le Roi Guillaume accorda son pardon à tous les clans des Highlands, mais le chef du clan des MacDonald de Glencoe arriva trop tard pour prêter serment. S'ensuivit la pire perfidie de l'histoire des Highlands. L'on dépêcha une brigade d'infanterie à Glencoe avec à son commandement Robert Campbell de Glenlyon, un parent du chef du clan des MacDonald. Ils furent accueillis selon les règles de l'hospitalité écossaise, dînant à leur table et jouant aux cartes. Durant la nuit, ils massacrèrent tous les hommes. Les maisons furent brûlées, les femmes et les enfants moururent du froid.

Le jeune Ian avait alors cultivé en son cœur une haine féroce des soldats et des Campbell. Il ne faut jamais faire confiance à un Campbell. L'histoire l'avait démontré, nul ne pouvait trahir la couronne sans payer le prix de sa vie et Ian était d'avis que les Buchanan auraient dû rester loin des Jacobites. Sir William était emprisonné depuis plusieurs mois, sur ordre du Duc d'Argyll, encore un Campbell, et Ian craignait secrètement que son chef finisse par y laisser sa peau.

L'arrivée de la jeune Isla quelques semaines plus tôt, n'annonçait rien qui vaille. Les troupes du Duc de Cumberland sillonneraient le pays pour trouver et tuer tous les jacobites maintenant que Charles Stuart était en fuite. Ils avaient eu des échos qu'ils étaient à Weem, ils ne tarderaient pas à se manifester. Il fallait qu'il discute avec Malcolm, afin de pouvoir préparer le château à un éventuel assaut. Il était entrain de finir son porridge lorsque Brody commença à s'agiter. Il entendit une explosion en provenance du château.

Il prit un chemin autre, car avec Malcolm, ils avaient détourné un arbre renversé afin de camoufler l'accès à la maison dans les bois. Il passa derrière le château et ouvrit une grille afin de se rendre dans la cour, Brody avait déguerpi, en grondant et en aboyant, en direction du château.

Erlina était debout dans la cour, assistant avec impuissance à la destruction et au pillage de sa demeure chérie. Elle avait tellement crié durant le tir de canon que sa gorge était en feu. À leur arrivée, ils avaient défoncé la grille avec un énorme bélier et le tir de canon avait détruit une partie de la façade. Elle aperçut le vieux Ian qui s'avançait dans la cour, mais elle n'eut pas le temps de le mettre en garde, il s'effondra sous les tirs de fusil. Son chien Brody rebroussa chemin et prit la fuite.

Le Lieutenant Conway souriait de satisfaction. Cette Lady était d'une beauté stupéfiante et son insolence rendait l'aventure encore plus excitante. Il jouissait presque à imaginer de quelle façon il la prendrait de force, brisant ainsi sa fierté et sa superbe. Elle avait tenté de négocier, elle voulait sauver ses petites gens… Tentative puérile, car il savait qu'elle cachait des jacobites et son mari était un traitre notoire. Il ordonna qu'on les barricade tous dans la cuisine et qu'on y mette le feu. Ce qui eut pour effet de rendre la Lady hystérique, elle tenta de pénétrer à l'intérieur du château. Pendant un instant, il fut tenté de la faire fusiller, mais sa poitrine volumineuse et sa longue chevelure rousse lui fouettaient les sens et il ne put se résigner. Il leva la main pour arrêter l'assaut et se dirigea vers la femme en furie.

— Ma chère, vous allez être fusillée sur place si vous vous entêtez. Il la tira par le bras durement et la regarda dans les yeux. Viens, femme!

Il lui tordit le bras derrière le dos, la poussa devant lui en humant ses cheveux avec satisfaction. Cela lui ferait changement des filles de fermier, la dernière Lady qu'il avait soumise à sa volonté était la Baronne de Weem. D'ailleurs, curieusement, il n'en avait aucun souvenir… Pourtant il avait bien enchaîné cette salope au pied du lit, mais il s'était réveillé quelques heures plus tard avec un mal de tête atroce. La Baronne avait disparu. Le soldat qui surveillait le couloir n'avait rien vu, ils avaient fouillé le château en vain. Elle ne pouvait pas s'être volatilisée…

Il donna l'ordre de mettre le feu au château, et ils tirèrent plusieurs coups de canon. Il sourit en son for intérieur se remémorant avec satisfaction la destruction du Château d'Invergary dont il ne restait que des ruines. Le château des Buchanan était plus imposant et ils ne pourraient que l'abimer et le rendre inhabitable, mais cela serait suffisant pour punir ces chiens écossais qui osaient se lever contre le pouvoir anglais.

Ses hommes avaient amassé tous les objets de valeur, argenterie, fourrure, armes, coffres attendant ses ordres pour se partager le tout. Habituellement, il était le premier à se servir, mais d'autres pensées occupaient son esprit. Il cherchait un endroit isolé où il pourrait la déshabiller afin de satisfaire son désir de sexe. Il voulait prendre son dû de conquérant, il la poussa à l'intérieur de la tour et elle tomba à genoux devant lui ce qui eut pour effet de l'exciter encore plus. Il ouvrit son pantalon prestement, mais fut interrompu par un officier.

— Lieutenant! Le Colonel Wolfe est ici! Venez!

Conway referma son pantalon en grognant, mécontent. Fini les galipettes, fini les richesses et il pouvait dire adieu à la cassette remplie de bijoux. Si Wolfe était ici, le Duc de Cumberland y était également… Il sortit de la cour du château avec la fille ne voulant pas la laisser s'enfuir. Tout le Régiment Royal se tenait devant lui, envahissant les champs environnants.

— Lieutenant Conway, le salua Wolfe. À ce que je vois, le Duc devra dormir à la belle étoile. Le château n'est plus viable, dit-il avec dégout.

Il désapprouvait les méthodes peu orthodoxes du Lieutenant qui consistaient à tirer et ensuite poser des questions. Wolfe était un gentleman et il croyait en la diplomatie, mais le Duc disait avoir besoin de Conway pour faire le ménage et anéantir les esprits rebelles. Il remarqua rapidement la jeune femme.

— Lady Buchanan, dit-il en la saluant poliment. Sa grâce sera heureuse de vous rencontrer… ajouta-t-il d'un air énigmatique.

Elle avait l'air effarée, les cheveux en bataille, les joues marquées de larmes, mais son allure ne trompait personne. La robe de velours de qualité ainsi que le collier de perles ne mentaient pas. Elle était aussi belle qu'on le disait. Cette histoire de trahison s'était rendue aux oreilles du Duc et il avait décidé de venir constater par lui-même ayant eu vent des plans du Duc d'Argyll. Mais ils arrivaient trop tard, aucun moyen de savoir si des traîtres se cachaient en ces murs, il leva les yeux vers le château en soupirant. Ce Conway était un abruti.

Conway n'eut d'autre choix que de laisser Wolfe escorter la fille vers le Duc, puisque « Sa Grâce » voulait la rencontrer. Il dut camoufler sa rage et sa rancœur. Erlina fut soulagée qu'on coupe les liens qui lui blessaient les poignets et surtout contente qu'on l'enlève des griffes de son bourreau. Elle l'avait échappé belle. Elle suivit le

Dragon prestement n'ayant aucune idée de la suite. Tout se passait tellement vite, elle n'avait pas le temps de réfléchir.

Le Duc de Cumberland assistait à la scène depuis son cheval. Il attendait qu'on lui installe son siège pour descendre. Ils devraient monter les tentes, car le Lieutenant Conway avait détruit le gîte. Wolfe avait raison, Conway était un con sanguinaire, mais le Duc savait pertinemment que dans cette guerre, ses méthodes barbares étaient très efficaces et même nécessaires pour taire une fois pour toutes cette maudite rébellion. Ces Écossais avaient la tête dure et il n'y avait aucun autre moyen, leurs têtes devaient littéralement tomber... Il ne put s'empêcher de sourire quand elle s'approcha de lui, la déshabillant d'un œil connaisseur.

— Lady Buchanan, je présume, fit-il en levant le nez d'un air hautain.

Erlina ne bougea pas d'un poil, elle aurait dû faire une révérence, mais la rage et la peur la paralysait. Elle le défia du regard en levant le nez à son tour. Le Duc retint un sourire, cette beauté ne manquait pas de culot, il aimait bien mater les impertinentes dans son genre... Il descendit de son cheval et s'installa confortablement sur le siège qu'on lui avait installé. Une faible pluie tombait accompagnée d'un vent du nord, il retint un frisson. Comme il détestait l'Écosse avec cette froidure qui vous glaçait les os. Mais ils avaient de jolies femmes pour bien réchauffer leur lit, cette Lady irlandaise était délicieuse. Il fut tiré de sa rêverie par l'apparition de Conway dans son champ de vision.

— Votre Grâce, fit ce dernier avec les salutations d'usage. Je me suis bien assuré que ce château ne puisse plus servir de refuge à quelconques Jacobites, dit-il fièrement.

— Mmm… C'est ce que je vois. Mais dites-moi Lieutenant, avez-vous trouvé des traitres en ces murs? Il leva un sourcil d'un air interrogateur.

— En fait, fit Conway d'un air hésitant, il jeta un rapide coup d'œil à la Lady, nous n'avons trouvé que quelques domestiques et une vieille chipie…

Il faisait référence à Dame Morgane, qui leur avait donné du fil à retordre en les insultant, les frappant et les menaçant d'un couteau.

— Donc, aucun jacobite n'était caché en ces murs?

En vérité, ils n'avaient pas vraiment cherché, ils n'avaient fait que piller et amasser les richesses dans la cour pour se partager le butin.

— Non, vous avez ma parole, affirma hypocritement le lieutenant.

Le Duc soupira de mécontentement, il ne pourrait contrecarrer les plans du Duc d'Argyll... Mais il pourrait profiter de la lady, ce serait sa vengeance sur ce Laird impudent.

1746

Erlina avait attendu tout l'après-midi sous la garde de deux dragons, pendant que les troupes montaient les tentes. Le Duc avait décidé de passer la nuit au Loch Lomond avant de reprendre leur route le lendemain, car ils avaient chevauché sans arrêt depuis Callander. Il avait cru à tort pouvoir profiter du Château Buchanan, mais la bêtise de Conway avait contrecarré ses plans. Il avait donc ordonné de monter le campement. On vint la chercher pour la diriger vers la tente royale. Les armoiries du Roi étaient peintes en grand apparat sur les tentures. Étonnamment, à l'intérieur on se sentait au chaud et les tapis qu'on avait étendus sur le sol rendaient l'espace viable et sec. Le Duc était en train de retirer son armure avec l'aide d'un valet, il lui fit signe de s'approcher.

— J'imagine, ma chère, que vous ne refuseriez pas un bain chaud en une pareille journée…

Erlina vit une baignoire fumante, mais elle fit un pas en arrière, réalisant ce que le Duc avait en tête. Elle avait cru pouvoir discuter avec lui de la libération prochaine de son mari, mais la peur s'insinua en elle. Il donna congé à son domestique et se tourna vers elle, torse nu.

— Vous n'êtes pas sans savoir, très chère, que le Duc d'Argyll, Archibald a l'intention de libérer votre époux très prochainement… C'est pourquoi je voulais m'assurer que vous ne cachiez aucun jacobite, comme par exemple, un certain prêtre qui aurait fait la route depuis Invergarry… Heureusement pour vous, ce n'était pas le cas…

Erlina baissa les yeux, de peur qu'il puisse lire en elle. Alexander et Isla avaient pris la fuite dans la forêt avant l'entrée des soldats dans le château.

— Je croyais que mon oncle était mort, il parait qu'il ne reste plus rien du Château d'Invergarry… Je n'avais aucun espoir de le revoir vivant… Vous dites qu'il est vivant? Elle le regarda avec espoir.

Cette femme disait la vérité, il en était certain, ses yeux avaient brillé au mot « vivant » et elle avait haussé le ton. Sa sincérité était touchante.

— Rien n'est certain, ces jours-ci... mais s'il est vivant, il sera exécuté comme le traitre qu'il est.

Elle serra les dents en le fixant haineusement.

— Très chère, à ce qu'il parait, vous avez fait un mariage d'amour avec ce Laird Buchanan... Je crois en ce cas que si vous l'aimez vraiment, vous allez devoir faire preuve d'obéissance... Venez ici! dit-il d'un ton sans appel.

Elle s'approcha et il toucha ses cheveux tendrement. Il la tira vers lui et une odeur de fumée lui emplit les narines.

— Vous allez devoir retirer ces vêtements sales, ma chérie et venir dans cette baignoire avec moi.

Elle haletait, ne sachant plus quoi faire, elle ne pourrait pas lui échapper. Il la regardait d'un air railleur. Il n'avait pas l'air bien méchant, contrairement au Lieutenant Conway... Elle essaya d'oublier le dégout qu'il lui inspirait et s'affaira à détacher le dos de sa robe. Elle eut une pensée pour William et elle dut retenir ses sanglots. Lorsqu'elle se retrouva nue devant lui, il fronça les sourcils d'un air mécontent. Ce ventre rond et ces mamelles sombres ne mentaient pas. Il avait horreur des femmes enceintes, il ne pourrait prendre son plaisir avec elle. La mode de ces robes à taille sous les seins permettait aux femmes de cacher bien souvent des ventres trop proéminents.

— Votre mari sait-il que vous êtes enceinte d'un bâtard? dit-il d'une voix grondante.

Savoir cette femme enceinte d'un autre homme le rendait furieux. En fait, il réalisait qu'il aurait voulu être le seul homme entre ses cuisses…

— Il le sait très bien, puisque c'est lui le seul responsable. Elle avait couvert ses seins de ses mains, mais la couleur rousse de sa toison pubienne attirait son attention bien malgré lui.

— Ah! fit-il légèrement surpris. Je ne croyais pas que les prisonniers avaient ce type de faveur… Habituellement, les gardes se font une joie d'essayer la marchandise avant… dit-il inquisiteur.

— Mon Dieu! Mais que sous-entendez-vous? dit-elle horrifiée. Elle se mit en colère devant son sourire. Lord Montrose n'aurait jamais permis cela!

— Lord Montrose... ah oui! Désolé, madame, mais je peux vous assurer que vous n'êtes pas son genre. Je comprends donc que votre mari, Laird Buchanan, a des amis bien placés... Venez, très chère, vous allez laver mon dos et peut-être autre chose si vous êtes gentille.

Elle ne bougea pas, le regardant avec incertitude.

— Ne t'en fais pas ma chérie, je ne te violerai pas. J'ai horreur des femmes enceintes! Mais tu peux toujours utiliser tes douces mains...

Elle fit donc la toilette du prince, complètement nue sous son regard attentif. Il ne se lassait pas de regarder son charmant visage, ce damné Buchanan était un homme chanceux! Archibald Campbell, Duc d'Argyll, l'avait gracié ce matin en lui faisant prêter serment à la couronne d'Angleterre. Ce William était probablement en route vers sa belle en ce moment même. Inveraray était à plus d'une journée de cheval, il ne lui resterait plus rien à son retour, excepté cette femme...

— Si votre mari est libéré, il devra porter serment et allégeance à la couronne d'Angleterre... dit-il guettant sa réaction.

Elle ne broncha pas.

— Je sais qu'il fera le choix sensé qui s'impose. Malgré tout, ce qui a pu vous être dit, mon époux n'est pas un jacobite, il n'a jamais rien fait qui puisse trahir le Roi. Il n'a qu'épousé une Irlandaise qui a eu le malheur d'avoir un oncle jacobite… D'ailleurs, il n'en savait rien avant de m'épouser… Il n'a jamais cru en cette rébellion et n'y a jamais pris part en aucune façon.

— Oui, je vois… Vous l'avez complètement ensorcelé et son seul malheur a été de vous rencontrer alors? Je n'en crois pas un mot très chère! Mais il est trop tard de toute façon, Laird William Buchanan est à nouveau un homme libre depuis ce matin! dit-il en se levant de la baignoire.

Il tendit les bras afin qu'Erlina dépose un linge sur son dos et qu'elle le frictionne, ce qu'elle fit sans pouvoir retenir un sourire.

— Ah! Madame votre sourire m'éblouit.

— Vous dites qu'il est libre?

— Oui. J'avais espéré atteindre le Château Buchanan avant aujourd'hui afin de vérifier si des renégats se cachaient en ses murs, ce qui aurait prouvé que Buchanan est véritablement un traître à la couronne… Vous savez, ma chère, que vous ne verrez plus jamais votre mari en kilt…

— Je vous demande pardon?

— C'est ma dernière trouvaille afin de mater ces damnés écossais! dit-il fièrement. Les kilts, tartans, cornemuse et tout le tralala seront interdit sous peine de mort et il leur sera interdit de posséder des armes.

Erlina le détesta encore plus. Lorsque le Duc eut terminé de s'habiller, il fit entrer des domestiques afin que le repas leur soit servi. Une salle à manger de fortune occupait un coin de la tente. Erlina avait remis sa robe de velours et partagea le dîner du Duc. Une multitude de plats déferlèrent devant eux, poulet farci, saucisses, filet de bœuf, gigot d'agneau, fromages fins, pain et du succulent vin rouge. Elle comprit pourquoi le Duc était aussi rondelet, son double menton dégoulinant de gras alors qu'il mordait à pleine dent dans une saucisse bien grasse. Elle avait l'impression d'assister à une orgie alimentaire, pour sa part elle mangea très peu, appréhendant la nuit qui s'annonçait.

1746

Ils avaient levé le camp tôt dans la matinée. Elle avait dormi sous la tente du Duc, et comme promis il ne l'avait pas violée, mais elle avait dû frictionner son membre jusqu'à ce qu'il inonde ses mains de son sperme chaud et gluant. Heureusement, c'est tout ce qu'il avait exigé d'elle, la laissant dormir seule sur une couche non loin de son lit. Le lieutenant Conway était parti dès le lever du jour avec son régiment, elle n'avait donc rien à craindre de sa part.

Elle retourna dans la cour du château la mort dans l'âme. Elle tenta d'entrer dans le château par la grande porte sans succès, ils l'avaient barricadée et le feu l'avait endommagée. Elle marcha péniblement jusqu'au corps de Ian tombé dans la cour sous les tirs de fusil. Elle essuya ses larmes sur le revers de sa manche. Elle aurait besoin d'un outil pour tenter d'ouvrir la porte à moins qu'elle puisse entrer par les cuisines. Elle se rendit à la porte de derrière, mais l'incendie avait tout ravagé; la chaleur et la fumée lui firent rebrousser chemin. Elle pleurait doucement en regardant ce qui avait été sa demeure chérie, pleurant sur la mort de tous ceux qu'elle aimait : Morgane, Innes, Mme MacFairlane, Ewen et Craig. Il ne restait que Malcolm, il était parti à Dumbarton deux jours auparavant afin d'aller rendre visite à William. Avec ce qu'elle avait appris de la bouche du Duc de Cumberland, il était sûrement parti à Inveraray puisque William y avait été amené afin d'être gracié.

Elle entendit Brody japper dans la forêt et elle pensa à la maison derrière le château. Elle marcha dans cette direction, mais elle dut bifurquer à cause de l'arbre qui bloquait le chemin. Elle vit Brody courir vers elle en jappant. Il se mit à glapir en se couchant devant elle puis il se releva rapidement en jappant et courant devant elle. Elle finit par comprendre qu'il lui demandait de le suivre ce qu'elle fit le cœur battant. Il la guida dans la forêt et s'arrêta net devant une grille dans le sol. Elle eut de la difficulté à l'ouvrir, derrière il y avait une porte, le cache-prêtre! Elle tenta de l'ouvrir tirant de toutes ses forces, elle entendait des voix de l'autre côté.

Soudainement, ils furent tous là couverts de suie, affreusement sales, mais tellement heureux! La lumière du jour les aveuglait, Erlina ne pouvait s'arrêter de pleurer, ils étaient tous sains et saufs. Ils se rendirent à la maison des domestiques, heureusement, les Anglais n'avaient détruit que le château. Elle espérait y retrouver Isla et Alexander, mais ils n'y étaient pas. Les femmes firent rapidement le tour de la maison, il y avait très peu de nourriture. Erlina regretta de ne pas avoir écouté William qui l'avait sommée de cacher des réserves de nourriture dans la maison dans les bois. Heureusement, ils étaient au début de l'été et ils auraient la chance de faire des provisions pour l'automne et l'hiver. Les mécréants n'avaient pas brûlé les champs ni même l'écurie. Ils n'avaient que détruit l'avant du château. L'écurie! Jewel devait encore y être!

Elle retourna au château avec les hommes. Les chevaux avaient disparu, Conway avait dû les amener avec leur butin. Ils réussirent à entrer et purent constater les dommages. L'édifice était en pierre, les murs étaient encore debout sauf la façade qui avait été détruite par les tirs de canon. L'arrière du château était presque intact dont le salon au rez-de-chaussée et les appartements du Laird à l'étage. Par contre, la cuisine était grandement endommagée. Mais le caveau était intact, ils pourraient donc récupérer suffisamment de nourriture.

1746

William était en nage sous le soleil de plomb et il devait se démener constamment pour faire entendre raison à ce stupide canasson qui ne voulait pas avancer.

— Où as-tu trouvé cette abominable rosse? demanda-t-il à Malcolm d'un air mécontent.

Ce dernier retint un sourire. La monture ne fait pas l'homme, mais en voyant William assis sur ce vieux cheval fatigué, il perdait son aura de puissance guerrière et avait l'air d'un gentilhomme insignifiant. Surtout dans ces nouveaux habits *anglais*.

— Je n'avais pas assez d'argent pour t'acheter un cheval convenable...

— Ne ris pas de moi, sinon je vais prendre ton cheval! Et ces vêtements! Les femmes vont rire de nous.

Malcolm rit sous cape. Puis il regarda son pantalon et la colère effaça son humeur moqueuse. Ces maudits anglais! William avait été libéré ce matin, mais il avait dû jurer allégeance au Roi et ses hommes aussi. Ils avaient dû renoncer au port du kilt et de leur tartan sous peine de mort. Ils n'allaient pas mourir pour un bout de tissus. En jurant fidélité, William gardait ses terres, son titre et le droit de porter des armes. Contrairement à tous les Écossais qui en ce moment étaient tués ou emprisonnés. Ils n'étaient pas des traitres à la Couronne, mais des traitres aux yeux des highlanders. Malcolm était incapable de dire ce qui était le pire... Il soupira puis une image d'Isla vint troubler ses pensées. Il devait lui avouer ses sentiments, il ne pouvait plus attendre.

Ils avaient galopé tant bien que mal toute la journée et le soleil déclinait doucement derrière eux. William était tellement heureux de retourner chez lui auprès de sa chère Nina. Il lui ferait la surprise de sa libération. Dieu! Qu'il avait hâte d'arriver si ce foutu cheval pouvait galoper sans s'arrêter à tout moment. Il se tourna vers ses hommes, John Gibbs et son cousin Keith Buchanan. Il était heureux de compter sur leur fidélité malgré ce serment qu'il avait fait ce matin. Il savait très bien qu'ils étaient mécontents et qu'ils avaient l'impression d'avoir été pris au piège... Car en vérité, le clan Buchanan aurait pris les armes auprès des Jacobites si son père n'avait pas autant divisé la famille.

Ils n'avaient pas fière allure dans leurs accoutrements, mais au moins, ils étaient en vie. Il rêvait d'une baignoire et de sa femme nue quand Malcolm poussa un cri. De la fumée montait dans le ciel au loin. Cela venait sans aucun doute du Château Buchanan. Ils galopèrent dans une course folle, William poussa tellement le canasson à bout, qu'il s'effondra devant l'entrée du château. La cour était déserte, les grilles entre-ouvertes. Ils entrèrent armés de leur claymore prêts à se battre. Le cœur de William battait la chamade, il cherchait Nina. Ils parcoururent les décombres, montèrent à l'étage. Seuls les appartements de William semblaient avoir été épargnés du feu, mais pas des voleurs. Les meubles et les lits étaient éventrés. Une colère gronda en lui. Aucune trace de survivants. Ils redescendirent rapidement.

— Où sont-ils? demanda Keith.

— Le cache-prêtre! dit William.

Ils coururent à la cuisine, ouvrirent le caveau et trouvèrent la porte mais aucun signe de vie. Ils sortirent du château et suivirent William et Malcolm qui couraient dans la forêt. Ils trouvèrent la porte souterraine du cache-prêtre. Ils étaient sortis par là. Dieu merci...

Erlina était en train de préparer sa chambre pour la nuit. Elle avait choisi la chambre la plus éloignée au fond du couloir afin d'avoir un peu d'intimité. Elle avait placé quelques vêtements dans l'armoire et elle secoua la literie pour enlever la poussière. Mme MacFairlane était entrain de préparer le repas avec l'aide d'Innes. Soudain, elle entendit des cris de joie et elle s'élança dans le couloir. Il était là debout devant elle dans ces affreux pantalons et il lui tendit les bras. Elle s'y jeta avec effusion.

— William! Je suis si contente!

Il déposa ses lèvres sur les siennes tout doucement et elle ferma les yeux. Il la serra dans ses bras, elle était saine et sauve. Malcolm les regardait du coin de l'œil. Isla n'était pas visible. Il se racla la gorge et demanda :

— Où est Isla?

Erlina le regarda si tristement qu'il sentit son cœur arrêter de battre. Il était suspendu à ses lèvres.

—Malcolm, je suis désolée... Nous ne savons pas où elle est. Lorsque les troupes du Duc sont arrivées, Alexander et elle ont dû prendre la fuite dans la forêt. Je croyais qu'ils reviendraient, mais nous les attendons toujours…

— Elle est partie? demanda-t-il.

— Oui avec Alexander. Ils n'avaient pas le choix, ils recherchaient des traitres, ils les auraient tués. Ils ont tué Ian… ajouta-t-elle en regardant William.

Ce dernier lui toucha la joue gentiment. Il se tourna vers Malcolm.

— Ils doivent être sur l'île d'Incailloch. Va voir! Si la barque n'est pas sur la rive, c'est qu'ils y sont. Il n'y a aucun danger pour eux. Ils vont revenir lorsque tout sera calme.

Malcolm déguerpit aussitôt et Ewen le suivit.

— Tu n'as pas l'air inquiet, dit Erlina.

— Isla connait très bien l'île d'Incailloch. C'est un plan d'évasion que nous avions échafaudé dans notre jeunesse.

— Tu parles de la vieille barque qui repose à l'envers sur les rochers? demanda Erlina.

— Oui, répondit William.

— Elle doit être pourrie! dit Innes.

— La dernière fois que je l'ai examinée, elle était en bon état, répliqua William.

Il se tourna vers Erlina.

— Le duc était ici? demanda-t-il avec un rictus.

— Nous avons eu la chance de rencontrer le Lieutenant Conway, un affreux personnage, dit Morgane, qui n'avait dit mot jusque là.

William relâcha sa douce et alla prendre sa tante dans ses bras.

— Oh William… je suis si heureuse que tu sois de retour, dit Morgane.

— Racontez-moi ce qui est arrivé... Le duc de Cumberland était ici? Pourquoi? Bonnie Prince Charlie doit être de retour en France à l'heure qu'il est…

— Le Duc voulait nous prendre en flagrant délit de trahison, il était certain que nous hébergions des jacobites. S'ils avaient trouvé ce qu'il cherchait, il aurait empêché ta libération... répondit Erlina.

— Ils ont donc détruit le château...

— C'était horrible! Conway a barricadé tout le monde dans la cuisine, il a mis le feu. Ensuite, il a tiré sur Ian qui arrivait dans la cour. J'étais complètement impuissante.

Des larmes coulaient sur ses joues. William s'approcha et il les essuya tendrement.

— Nous nous sommes aussitôt dirigés vers le caveau et nous nous sommes faufilés dans le passage souterrain, continua Morgane.

— Et ce Conway, il t'a fait du mal? demanda William avec un serrement de gorge.

Elle était un beau butin de guerre... Il serra les poings et sa mâchoire se durcit.

— Non il n'a pas eu le temps, car le Général Wolfe est arrivé et l'en a empêché. Le Duc n'était pas content de ce que Conway avait fait. Il lui a demandé s'il avait trouvé des traîtres cachés dans le château et Conway a dit qu'il n'avait rien trouvé.

— Pff… fit Morgane. Ils ont seulement saccagé tout et volé tous les objets de valeur! Ils ne recherchaient personne, ils n'ont même pas posé de question! Ils ont tenté de nous brûler vifs!

— Oui et le Duc semblait très contrarié de ses agissements. Il a été très poli, il m'a dit que tu avais été gracié… Oh! William! Je suis si soulagée que tu sois parmi nous! Tu nous as tellement manqué.

— Oui mon amour, moi aussi je suis heureux malgré tout… dit-il en lui souriant. Mais dès à présent, il va falloir protéger nos terres des pilleurs et des voleurs… Car avec le château éventré de la sorte, ils ne vont pas tarder.

1746

Les chevaux étaient épuisés, Malcolm n'avait pas eu d'autre choix que de calmer ses ardeurs. Ewen le suivait de près, ils étaient maintenant sur le sentier menant au loch. Son cœur se serra lorsqu'il vit la barque. Il sauta en bas de son cheval et remarqua qu'elle avait été trainée sur une petite distance et qu'ils n'avaient pu la mettre à l'eau. Des pistes de chevaux et d'hommes laissaient supposer que quelqu'un était arrivé et les en avait empêchés. Il grogna et se releva.

— Il y avait deux chevaux et ils trainaient une femme derrière eux. Regarde, des traces de pas de femmes. Et à partir d'ici, il semble y avoir deux prisonniers de plus, dit Ewen en suivant le sentier qui longeait le lac.

— Isla et Alexander…

Malcolm enfourcha son cheval et suivit la piste. Le soir tombait et il n'y verrait rien.

— C'est la pleine lune ce soir, dit Ewen, comme s'il lisait dans ses pensées.

Ils avancèrent pendant presque deux heures lorsqu'ils virent les lueurs d'un feu de camp. Ils attachèrent leurs chevaux et firent le reste à pied. Deux hommes discutaient autour du feu et les prisonniers étaient attachés à un arbre plus loin. Il semblait y avoir deux femmes et un homme. Malcolm eut un sourire en coin de satisfaction. Il fit signe à Ewen d'aller libérer les prisonniers et il s'avança plus près. Il reconnut Duncan Mackinley, le violeur.

— Je vais prendre Isla Buchanan, et toi tu te feras la jeune Eilidh.

— Non, je veux prendre la Buchanan! Toi, tu te tapes toujours les plus belles…

— Ferme ta gueule! C'est moi qui décide!

Duncan se leva et marcha vers les prisonniers. Malcolm cria avant de se jeter sur eux. Il dut se battre avec le jeune homme pendant qu'Ewen croisait le fer avec Duncan. Malcolm voulait tuer Duncan lui-même, mais il devait se défaire celui-là avant.

— Ewen, ne le tue pas, laisse-le-moi! cria Malcolm en transperçant la poitrine du jeune homme.

Ce n'était pas un guerrier. Le tuer avait été un jeu d'enfant. Il arriva rapidement vers Ewen, mais Duncan le vit et prit la fuite avec Isla.

— Non! hurla Malcolm.

Il courut derrière eux, mais dut s'arrêter, car Duncan tenait Isla devant lui avec son sgian dubh sous sa gorge.

— Arrête-toi Malcolm, dit Duncan. Est-ce que le Laird est avec toi?

— Il ne va pas tarder… Et tu devrais la relâcher…

— Non, elle est mon unique chance de survie! Je sais très bien que tu me tueras à la première occasion…

Isla regardait Malcolm, Dieu qu'il était beau! Des rayons de la lune éclairaient son visage, elle ne pouvait détacher ses yeux de lui. Soudain, elle comprit que Duncan allait l'amener avec lui et que

Malcolm ne tenterait rien de peur qu'elle soit blessée. Non! Elle savait que ce salaud de MacKinley était un violeur. Elle sentait son poignard sur sa gorge.

— Nous avons de l'or et des bijoux, dit Isla.

— Balivernes, dit Duncan. Le château a été pillé hier je sais très bien que ce n'est pas vrai. Je t'avertis, tu tentes quoi que ce soit et je lui tranche la gorge... Et je sais que tu la veux depuis longtemps, quand j'aurai fini avec elle, tu pourras l'avoir.

Malcolm ravala sa rage et déposa son épée sur le sol devant ses pieds. Duncan recula avec Isla de plusieurs pas, mais il trébucha quelque peu. La lame quitta la gorge d'Isla et en moins d'une seconde elle se dégagea en lui assenant un coup de coude dans les côtes. Malcolm qui surveillait leurs moindres gestes arriva à grands pas en tenant sa claymore en position d'attaque. Duncan se releva rapidement, Isla était hors de portée. Il savait très bien qu'il ne faisait pas le poids contre ce guerrier endurci. Le combat était inégal, il ne faisait que parer les coups, Malcolm n'eut aucun mal à lui faire perdre son épée. Il le tenait à la pointe de sa claymore.

— Laisse-moi le tuer, dit Ewen d'une voix morne.

Malcolm se souvint d'une idylle naissante entre Ewen et Eilidh avant que cette fichue guerre n'éclate. Le père d'Eilidh les avait empêchés de se voir. Il regarda Ewen, le jeune palefrenier était devenu un homme ces derniers temps. Il avait accompagné Malcolm tout au long de ces mois où William, John et Keith étaient emprisonnés. Malcolm l'avait bien entrainé avec l'aide de Craig. Il lui laissa la place.

— Relève-toi, lui cria Ewen.

Duncan se releva en ricanant. Contre Malcolm il n'avait aucune chance, mais ce jeunot, il le tuerait facilement. Il reprit son épée d'un air confiant. Ewen attendit qu'il attaque le premier, lui redonnant ainsi l'assurance dont il avait besoin. Duncan s'excitait, Ewen parait les coups adroitement. Isla mit une main sur le bras de Malcolm et lui jeta un regard inquiet. Il lui fit un clin d'œil. Elle regarda Ewen et comprit qu'il *jouait* avec Duncan. Il esquissait les coups avec aisance jusqu'à ce que son adversaire commence à montrer des signes d'essoufflement.

— Tu te fatigues, salopard, cracha Ewen. Tu croyais me tuer facilement…

Ewen passa en mode attaque, il se battait avec sang-froid. Il l'accula à un arbre puis laissa tomber son épée. Duncan sourit méchamment.

— Quoi tu n'as pas le cran de finir le travail? Espèce de trouillard!

— Jamais plus tu ne la toucheras…

Ewen lui trancha la gorge avec son poignard et le regarda s'effondrer. Malcolm était vraiment fier de lui. Il lui tapota l'épaule et lui sourit.

— Dieu que j'aurais aimé que les autres voient ça! dit-il à Ewen. Tu t'es battu comme un vrai highlander!

Malcolm se tourna vers Isla. Il la prit dans ses bras et elle gémit de surprise.

— Isla, veux-tu m'épouser?

— Quoi? Tu me demandes ça à brule-pourpoint? Je… La surprise la laissait sans voix.

— Je t'aime Isla Buchanan, et ce depuis toujours. Je ne suis pas bon avec les déclarations… Je te veux, chuchota-t-il.

Elle leva son visage vers lui.

— Je t'aime… et je te veux moi aussi.

Il l'embrassa doucement, elle répondit à son baiser passionnément. Il explora ses lèvres et sa bouche avec sa langue, mais il dut se contenir, car le désir montait en lui et ce n'était pas l'endroit ni le moment. Il se sépara d'elle avec regret.

— Oh Malcolm! Je suis si heureuse!

Il la serra encore dans ses bras avant de la relâcher. La nuit était tombée et ils devaient retourner à la maison.

— Venez, nous partons.

Ils détachèrent les chevaux. Ewen prit Eilidh sur sa monture avec lui. Alexander prit un cheval. Isla observait Malcolm, il attacha le dernier cheval à son destrier puis il l'aida à monter et prit place derrière elle. Ils partirent au pas, longeant le loch qui était éclairé d'une lune argentée. Malcolm avait passé ses bras autour d'elle et elle s'appuya sur son torse.

— Est-ce que mon frère est de retour?

— Oui, nous sommes arrivés en fin de journée.

Le mouvement du cheval les berçait tout doucement. Il aimait la sentir abandonnée contre lui. Pourquoi avait-il attendu si longtemps? Il avait failli la perdre encore une fois aujourd'hui... Il passa un bras autour de sa taille tenant les brides d'une seule main. Elle soupira de bonheur et déposa sa main sur son bras. Elle tourna la tête vers lui, il l'embrassa délicatement. Le chemin du retour lui parut court, il aurait voulu que ces instants durent toujours.

Isla ne put retenir un cri lorsqu'elle aperçut la silhouette écorchée du château au clair de lune. Ils continuèrent leur chemin à travers les bois jusqu'à la maison des domestiques. Ils furent reçus chaleureusement. William était sous le porche et il sourit lorsqu'il les vit si intimes.

— Mon frère, dit-il à Malcolm en lui empoignant l'épaule.

Il serra Isla dans ses bras.

— Content de te revoir petite sœur...

1746

Dame Morgane regarda la belle assemblée et ne put s'empêcher de verser quelques larmes. Elle se faisait vieille et toutes ces émotions avaient eu raison de ses défenses habituelles. Un mariage double! Elle aurait aimé célébrer ces réjouissances dans leur château, mais la guerre étant ce qu'elle était, il était en ruine. Cette maison n'était pas assez grande et William avait bien l'intention de construire une nouvelle demeure. Sur les bords du Loch, il voulait bâtir un manoir dans le style de Kinnell House, la demeure des MacNab. Elle aimait cette demeure où elle avait vécu tant de belles années avec son mari.

Elle regardait les nouvelles mariées, Isla et Eilidh. Leur bonheur était tellement touchant. Elle observa les membres de l'assemblée, elle les connaissait tous depuis leur tendre enfance, ils étaient devenus des hommes bons, valeureux et aimants. Ah si George pouvait les voir, il serait fier de son fils William et de toute cette joyeuse assemblée. Et la belle Isla qui rayonnait de son bonheur tout neuf. Elle n'aurait jamais dû quitter le Château Buchanan, Malcolm était l'homme qui lui fallait depuis toujours. Morgane le vit l'embrasser et lui chuchoter quelque chose à l'oreille qui la fit rougir. Morgane sourit à travers ses larmes.

— Ma tante, est-ce que ça va? demanda William.

Elle ne l'avait pas vu s'approcher. Elle lui sourit et il lui toucha la joue tendrement. Elle apercevait Erlina derrière lui. Erlina qui allait donner naissance bientôt… sans parler d'Innes. Des petits bébés à chérir. L'émotion lui serrait la gorge. Elle leva les yeux vers William, son fils. Oui, il était un fils pour elle, elle l'aimait de tout son cœur.

— Oui, ça va, je suis une vieille femme qui pleure dans les mariages, c'est tout!

Il rit doucement et l'embrassa sur la joue. Elle tint sa main sur son cœur un moment.

— Nous allons nous retirer, car Erlina est épuisée. Bonne fin de soirée.

Elle les regarda prendre le couloir main dans la main. Elle se rappela le mariage de William et Erlina, les mariages d'amour étaient si beaux. Elle parcourut encore une fois tout son monde du regard et se dit que malgré toutes ces histoires de guerre et de trahison, la famille, le *clan*, était tout ce qui importait. Ils étaient là les uns pour les autres, s'apportant mutuellement soutien et protection. Les highlanders étaient des hommes courageux, fiers, irréductibles suivant un code d'honneur noble et sacré. Les Anglais pouvaient les empêcher de porter le kilt, mais ils ne pourraient jamais détruire leur identité et leurs racines. Les clans ne pourraient être anéantis.

Helensburgh, Écosse

Mai 2013

Jerry recevait des soins dans une ambulance tandis que Nina discutait avec Ian. Bobby McQueen avait été transporté à l'hôpital bien menotté et escorté. Nina ne craignait pas pour sa vie, car les balles s'étaient apparemment logées dans ses cuisses sans toucher les artères. Il ferait face à la justice en temps et lieu. L'inspecteur Andrew Miller s'avançait vers eux.

— La récréation est terminée, dit Ian en pinçant les lèvres.

— Mme Buchanan, fit Miller en lui serrant la main. J'aimerais d'abord vous poser quelques questions… et je dois vous dire que vous devrez par la suite venir au poste avec nous afin de faire vos déclarations officielles.

— Bien sûr inspecteur, répondit-elle respectueusement.

Jerry ressortit de l'ambulance. Ils racontèrent leur mésaventure à Andrew Miller n'omettant aucun détail. Il fut surpris des aveux de McQueen concernant la mort de Caitlin. Ian était horrifié, mon Dieu! Cécilia serait bouleversée sans parler de Deirdre...

— Il a dit qu'il l'avait assassinée... Eh bien, il a sûrement plusieurs meurtres à son actif... Nous allons devoir ressortir toutes les disparitions et tous les meurtres non résolus de ces vingt dernières années dans tout le pays. Vous êtes chanceux d'être sains et saufs! Vous n'auriez pas dû jouer aux policiers, vous auriez dû nous laisser faire notre travail, dit-il en fixant Jerry d'un air accusateur.

Ce dernier soutint son regard avec aplomb. Nina sourit malgré elle, son mari était si têtu, elle pouvait deviner aisément ses pensées. Il croyait que Miller n'était pas l'homme de la situation, elle l'avait entendu douter de ses compétences à maintes reprises.

Enfin, ils purent prendre congé, ils avaient rendez-vous en fin d'après-midi au poste de police, mais en attendant, ils allaient prendre un peu de repos. Nina soupira de fatigue lorsqu'ils furent installés dans leur VUS.

— C'est fini *muirnin*, dit-il en prenant sa main.

Ils se regardèrent dans les yeux puis il dut concentrer son attention sur la route. Ils ne dirent mot jusqu'à la maison. Emma les accueillit avec effusion. Ils allèrent embrasser les enfants puis montèrent à leur chambre. Nina se déshabilla et passa à la salle de bain directement sans un regard pour Jerry. Il entendit couler la douche.

Nina se glissa sous l'eau chaude avec bonheur. Elle laissa le jet lui masser la nuque et les épaules. Elle pensait à Jerry et à leur dispute qui, pour une fois, avait servi à quelque chose… Il lui avait dit qu'il avait besoin de se sentir utile, il devait retourner travailler. Elle comprenait très bien ce qu'il ressentait et elle était contente que ce ne soit pas leur couple qui était en cause. Elle caressa son ventre machinalement, elle devrait lui annoncer. Elle releva la tête et ouvrit les yeux, il était nu devant elle. Elle passa ses bras autour de son cou et il se pencha pour l'embrasser.

— Mon amour, tu es si belle…

Il la souleva dans ses bras tandis qu'elle passait ses jambes autour de sa taille et qu'elle s'accrochait à ses épaules. Il caressa ses fesses et l'appuya sur le mur tout en l'embrassant. Il caressa son mont de vénus puis glissa sa main afin d'écarter ses lèvres et titiller son clitoris. Nina roucoula de plaisir. Il embrassa ses seins et se saisit d'un de ses mamelons dans sa bouche gourmande tandis qu'il continuait de l'exciter de sa main experte. Elle gémit encore, mais il la fit taire d'un baiser enflammé. Il la pénétrait de sa langue au même rythme que son doigt s'enfonçait en elle. Elle jouit en criant son nom. Il lâcha sa bouche et retourna saisir son autre mamelon. Elle gémit encore.

— Jerry, je t'en prie… prends-moi maintenant!

Il releva ses jambes, empoigna ses fesses et se glissa brusquement en elle. Il ne put retenir sa passion et la pénétra avec force. Elle haletait pendant qu'il accélérait le rythme et ils jouirent à l'unisson. Elle ouvrit les yeux, il la regardait de son regard turquoise en souriant bêtement. L'eau lui dégoulinait sur la tête et un filait d'eau coulait de son menton. Elle caressa son beau visage.

— Jerry Buchanan, je t'aime follement.

Ils reposaient sur leur lit complètement nus. Soudain, elle prit conscience du froid et entreprit de se glisser sous les couvertures, il fit de même. Il tendit le bras et elle vint se blottir contre son épaule. Il dégageait une douce chaleur.

— Mmm, tu es chaud…

— Toujours mon amour, je me consume pour toi *muirnin*…

— As-tu reçu une proposition de film intéressante?

Il leva la tête pour la regarder. Elle l'avait surpris.

— Oui, il y a deux semaines… mais ce projet m'intéresse plus ou moins. Il s'agit d'un film d'action et j'ai déjà assez donné dans ce genre-là…

— Oui, je comprends. Peut-être qu'on devrait aller à Los Angeles, tu pourrais rencontrer Andy et faire savoir à tout le monde dans l'industrie que tu es de retour…

— Tu es certaine que c'est ce que tu veux… lui demanda-t-il en lui caressant les cheveux.

— Oui mon amour… Il est temps que tu retournes travailler, lui dit-elle en souriant.

Il la serra doucement dans ses bras et l'embrassa sur le dessus de la tête. Elle se leva sur un coude pour le regarder.

— J'ai quelque chose à te dire…

— Quoi?

— Tu vas être papa encore une fois…

— *Muirnin*, c'est merveilleux! Je suis l'homme le plus chanceux, dit-il en la prenant dans ses bras.

Partagez vos commentaires et venez en apprendre plus sur l'œuvre :

https://www.facebook.com/suzanne.fontaine.auteure

À paraitre de la même auteure :

Princesses d'Alba

Le royaume d'Alba se situait où l'on retrouve aujourd'hui l'Écosse. À partir du IXe siècle, les Vikings envahirent tranquillement le nord de l'Écosse et l'Irlande par leur présence guerrière et dominante. La dynastie Dal Riata, qui dominait le royaume picte, fut attaquée par les Vikings. Basés dans le Perthshire, ces rois ne furent pas de taille à résister à l'envahisseur. La dynastie fut renversée, permettant l'émergence du nouveau royaume d'Alba.

Alors que les Vikings s'installèrent, il fut évident que les terres de l'extrême nord et les rives de l'ouest de l'Écosse étaient trop loin pour être soumises à l'autorité naissante des rois d'Alba...

Maëlle Muir fille de Giric, le roi déchu, est en route vers le château de Dunnotar afin d'aller honorer la promesse de mariage qui la lie au nouveau souverain d'Alba. Victime d'un enlèvement, elle se retrouvera sur une île du nord de l'Écosse offerte à un inquiétant chef viking qui s'est autoproclamé *Roi des mers du Nord*. Armée de son seul courage, elle ne cèdera pas et parviendra à se faire ramener auprès de son futur époux. Mais parfois, les apparences sont trompeuses et les gens ne sont pas ce qu'ils semblent être…

Merci chers lecteurs et à bientôt!